如果这样会怎样？

那些疯狂又有趣的科学问题

刘玲丽 / 编著

化学工业出版社
·北京·

图书在版编目（CIP）数据

如果这样会怎样？ ：那些疯狂又有趣的科学问题 / 刘玲丽编著．-- 北京 ：化学工业出版社，2025. 7.

ISBN 978-7-122-48036-1

Ⅰ. Z228

中国国家版本馆CIP数据核字第20255HL505号

责任编辑：龚　娟　　　　装帧设计：王　婧
责任校对：宋　玮

出版发行：化学工业出版社
（北京市东城区青年湖南街13号　邮政编码100011）
印　　装：盛大（天津）印刷有限公司
710mm×1000mm　1/16　印张15　字数150千字
2026年1月北京第1版第1次印刷

购书咨询：010-64518888　　　　售后服务：010-64518899
网　　址：http://www.cip.com.cn
凡购买本书，如有缺损质量问题，本社销售中心负责调换。

定　　价：68.00元　　　　

序言

科学，势不可挡的时代浪潮！

从探索浩瀚无垠的太空，到日新月异的人工智能；从突破认知的脑机接口，到改写生命密码的基因编辑，前沿科学正以前所未有的速度融入我们的视野与生活。如今，诸多科技研究成果已悄然成为现实生活的一部分，在航天、通信、计算机、医疗、交通等众多领域大放异彩，深刻改变着人类社会的发展轨迹。

近年来，随着《三体》《流浪地球》等科幻影视佳作的热映，公众对宇宙奥秘与地球未来的关注度急剧攀升，对未知领域和前沿科学的探索热情空前高涨。令人欣喜的是，这份对科学的热爱与思考，已不再局限于青少年群体，越来越多的成年人也纷纷加入科学“发烧友”的行列，共同探讨科学的无限可能。

在此背景下，相信热爱科学的你，内心定会涌现出无数“脑洞大开”的奇思妙想。例如：

如果太阳真的“熄火”了，地球人应该怎么办？

如果地球膨胀到原来的10倍，会发生什么？

如果不小心掉进一个黑洞里，你接下来会怎样？

如果说人类是计算机虚拟出来的，那么谁是背后的“程序员”？

如果动物和人一样聪明，会有哪些事情发生？

……

这些看似荒诞不经却又引人入胜的问题（其中不乏科幻色彩和令人心生畏惧的设想），虽在现实中发生的概率微乎其微，却激发了我们无尽的思考：如何以科学之钥，开启这些问题的大门？若它们真的降临，人类又将如何应对？又有哪些“硬核”科学知识，值得我们深入探索与了解？

本书精心挑选了50多个看似怪诞实则充满科学魅力的议题，涵盖宇宙空间、地球科学、人工智能、生物技术等多个领域，并尝试以开放的思维，从科学的视角给出富有想象力的解答。阅读本书，定能为你带来思维的启迪，但请记住，这些都是没有标准答案的问题。

愿本书能如“抛砖引玉”之砖，激发你的无限想象，引导你学会用科学的方法思考问题，用科学的逻辑探寻答案。这一习惯的养成，对于青少年及当代大学生而言尤为重要。

毕竟，未来的强国之路，离不开科技的坚实支撑。而科技水平的提升，不仅需要扎实的基础科学知识，更需要发挥无尽的想象力与创造力，同时运用科学的方法与逻辑，寻找解决问题的最佳路径。

当然，鉴于科学领域持续发展、知识体系不断更新，本书在内容呈现上或许存在未能及时跟进前沿动态之处，部分观点在解读上也可能与业内专家存在探讨空间。在此，我们诚挚地欢迎各位读者与专家学者提出宝贵建议，期待通过多元视角的碰撞与交流，共同为科学知识的传播贡献力量。

目录

Part 1 如果太阳“熄火”了，地球真要流浪吗？

Part 2 如果你跳进一个黑洞里，会发生什么？

Part1

如果太阳“熄火”了，地球真要流浪吗？

如果地球失去引力的束缚，会发生什么？

当我们向上跳起时，很快就能落回地面上；当我们向任意方向抛出一个物体，它最终都会向下坠落……这都是地球引力的结果。很多人羡慕宇航员在空间站中可以自由漂浮，幻想过像超人一样可以一飞冲天，脱离地球引力的束缚。

那么，你是否想象过，如果有一天地球引力突然完全失效，将会发生怎样的场景呢？大家会不会都飘浮起来，彼此在空中见面打招呼？如果那样是不是感觉既新奇又好玩？

但实际上，结果可能并不是你想象的那么简单！

引力、电磁力、弱相互作用力和强相互作用力并称为宇宙运行的四种基本力。重力是地球引力与随地球旋转的参考系中的离心力的合力，作用于地球表面附近的物体，其中地球引力来源于地球内部的质量分布，离心力则由地球自转产生。

地球的引力就如同一根牢不可破的纽带，将地表物体和地球紧紧相连。如果引力效应突然完全消失，会发生什么？

⊙ 地球引力看不见但客观存在

地球万物瞬间被甩飞

一旦地球引力失效，我们可不会像宇航员那样漂浮在空中那么简单。在地球引力失效的一瞬间，地球的自转并不会停止，仍然以大约每小时 15 度的角速度转动，失去了引力的束缚，人类以及地球上一切有质量的物体都会沿着其所在位置的切线方向，以原有的自转线速度被甩飞出去，如同“风卷残云”一般。

不仅是地球上的生物，建筑物、土壤、山川河流、海洋湖泊……所有东西都会像弹弓发射的石子般飞离地球表面。这类现象在地球赤道附近会更加明显，因为这里的地球自转线速度最快，约为 463 米 / 秒。地球引力失效的瞬间，赤道附近的大气层将因自转惯性产生强烈扰动，其破坏力将远超人类历史上的飓风。然而，这与其他破坏相比，还不算什么大问题。

⊙ 引力失效，地球产生强烈的大气扰动

大气层“消失”

由于没有地球引力的“约束”，人们赖以生存的空气以及大气层也无法继续留在地球表面，会迅速开始灾难性地逸散到茫茫宇宙之中。

我们不仅会失去氧气，而且在地球引力失效的同时，气压将急剧下降至接近真空，地球上的人类的鼓膜会因巨大的压差而破裂。大家可以想象一下飞机起飞或是深海潜水的时候，鼓膜所感受到的挤压感。地球引力消失的那一刻，人们的感受要比这个强烈、迅速得多，并且会伴随致命的减压伤害（如肺撕裂、体液沸腾）。

气压变化，鼓膜为什么会感到不适?

我们的耳朵分为外耳、中耳和内耳三部分。在中耳和外耳之间有一层可以隔绝中耳和外耳的膜状结构，这层结构就像鼓面一般，叫作鼓膜。因为鼓膜的存在，整个中耳内部如同一个封闭空间，通过咽鼓管与鼻咽部相通。平时，咽鼓管是关闭的，当吞咽、说话或是打哈欠的时候，咽鼓管就会打开，从而调节中耳腔内的气压，使其与外界大气压保持平衡。

但是，当外界气压发生骤降，中耳气压来不及调节，就会导致鼓膜因巨大的外向压差而紧绷甚至破裂，带来剧痛和损伤。比如飞机起飞时，气压会越来越小，耳内气压高于耳外，鼓膜就会向外凸；再比如深海潜水时，耳外压强会越来越大，此时鼓膜就会向内凹。而当地球引力失效，外界气压随之骤降，对鼓膜的损伤无疑是毁灭性的，但这仅是众多致命伤害中的一种。

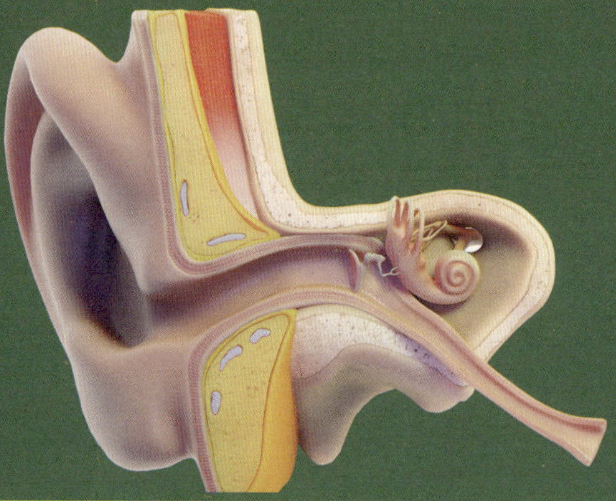

地球解体

接下来，受难的就是地球本身了。地球原本像被无形钩针编织的巨大拼图（由自身引力维系），当这种编织力量突然消失，虽然每块碎片自身依然完整，但整个星球的“编织结构”开始崩解。大陆如碎裂的蛋壳般彼此分离，地心喷涌的岩浆在空中凝固成滚烫的“黑珍珠”，海洋中的水脱离地表形成飘浮水泡，整个星球像被打散的拼图飘向深空，各自奔向新家。

地球及其碎片的命运

地球自身引力的失效会引发连锁反应。虽然地球引力失效本身不会直接改变其整体（质心）围绕太阳运行的轨道（太阳的引力仍作用于地球的总质量），但当地球彻底解体后，构成地球的无数碎片将各自携带一部分质量和角动量，在太阳引力作用下遵循新的、不同的轨道运行或飞散。地球作为一个单一整体的行星及其原有轨道将不复存在。

虽然地球引力的存在，在一定程度上限制了我们的行动，增加了高空坠落的风险，但重要的是，它是维系生命的关键：大气层靠引力包裹地表，液态水因引力汇聚成海洋。若引力效应突然失效，大气层将迅速逃逸，液态水将化为飘浮的液滴或冰球，地表所有未固定的物体将无序飞散。

⊙ 失去引力的地球或将改变运行轨道

太阳系中唯一已知的生命摇篮是地球，正因地球引力塑造了数十亿年来地球稳定的环境。即使地球引力效应仅失效 1 秒，也足以让地球生态系统崩溃。

所以，地球引力突然失效可不是什么好玩的事情，这回你知道了吧！

如果地磁南北极发生倒转，会发生什么？

你知道吗？我们生活的地球不只有地理上的南北极，还有地磁南北极。

这是两个完全不同的概念。地理南北极是人们根据地球自转现象人为设定的，是地球南北纬度最高的点。而地磁南北极与地理南北极并不完全重合，它并不是固定不变的，而是在不断发生偏移。

地球的磁场

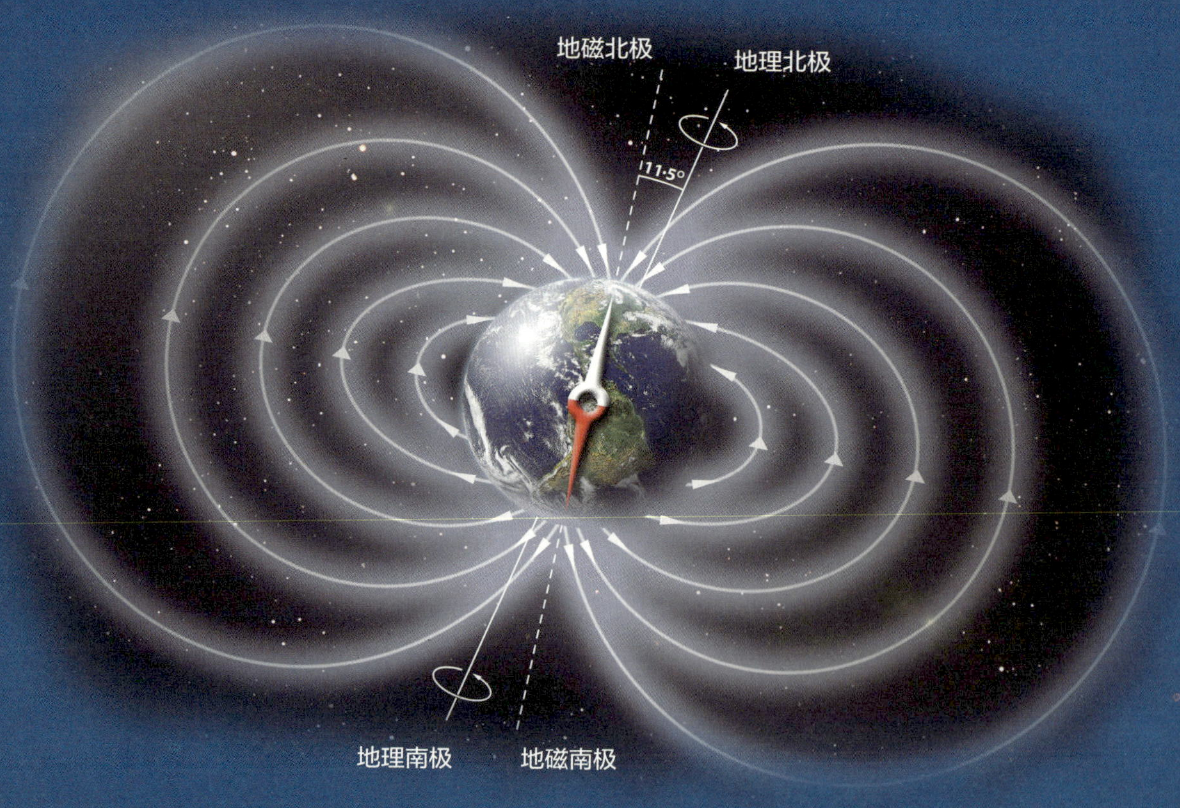

⊙ 地球是一个巨大的磁场

地球磁场是如何产生的？

地球像一颗夹心球，从内到外分为固态金属内核、液态金属外核、厚重的地幔和薄薄的地壳。内核主要由固态铁镍构成，外核则是翻涌的液态铁镍混合物——这些导电金属的流动，正是磁场形成的关键。

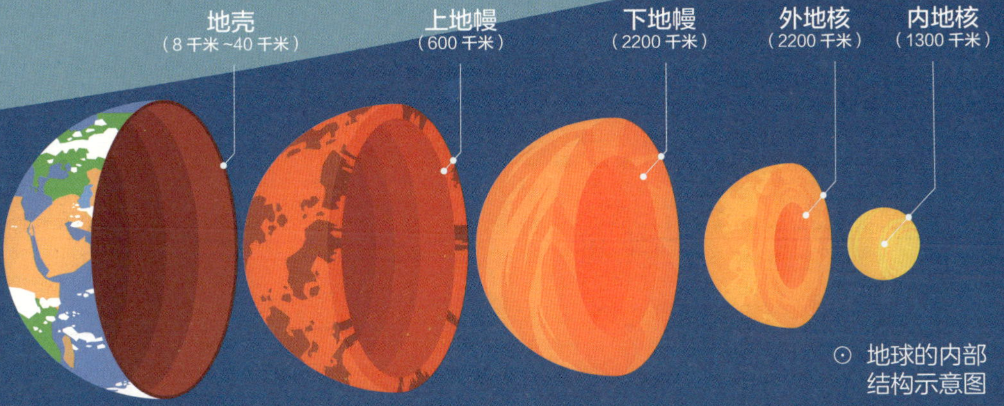

⊙ 地球的内部结构示意图

地球内部像藏着一台永不停机的“液态发电机”：地核外层流动的铁镍熔浆（温度接近太阳表面）在自转搅动下形成巨大漩涡，这些金属流被地核释放的热量持续驱动（能量源自内核结晶和放射性元素衰变），当它们切割地球早期残留的微弱磁场时，如同用磁铁反复划过铜线圈——运动的导电金属激发出电流，新生的电流又产生更强磁场，循环往复形成包裹地球的“磁力盾牌”。这台天然发电机仅靠自转与地热就能维持磁场稳定，为地球生命撑起一把隐形保护伞。

事实上，我们熟悉的地球地理北极（北纬 90° ）附近是地磁场的物理南极（S 极），这个位置被命名为“地磁北极”，地理南极（南纬 90° ）附近是地磁场的物理北极（N 极），这个位置被命名为“地磁南极”。

当太阳风携带的高能粒子流靠近地球时，磁场会像流水引导小船般使其沿磁感线偏转，最终这些粒子被导入极地上空，与大气碰撞激发出极光——绚丽的极光恰恰是磁场抵御太阳风的可视化证据。

更重要的是磁场能锁住维系生命的大气层。没有磁场的行星（如火星），其大气会被太阳风逐渐剥离，而地球磁场形成的无形护盾，使大气层保持稳定的厚度，为生命演化创造了必要条件。

美丽的极光是如何产生的？

在南北极附近的地区，当你夜晚仰望星空，偶尔会看到几道绚烂的光带横穿天际，浪漫而神秘，这种景象就是极光。事实上，极光不仅发生在地球上，太阳系中所有具有磁场的行星的高纬度地区都可能发生极光。地球极光通常出现在磁纬 60 度至 70 度的环状区域内。

太阳是一颗非常活跃的恒星，每秒钟就有百万吨以上的物质以高速喷射出来。这些带电粒子（主要是质子和电子）以太阳风的形态“吹向”宇宙空间，其中有一些会喷向地球。

地球磁场线从磁北极出发，穿过地球内部，最终回归到磁南极，形成一个巨大的对称“环形网络”。当太阳风吹向地球,会把地球磁场的“环形网络”挤压变形——向阳面磁层受压缩呈碗状，背阳面则被拖拽出长尾结构。

当带电粒子靠近地球时，磁层顶在向阳面形成有效屏障，而极区磁场线被太阳风撕裂出两条开放通道（对应极光带）。此处的磁场线成 30 度 ~ 60 度最佳入射角度范围，既规避赤道平行磁场的粒子反射效应，又避免极点的垂直入射能量衰减。

⊙ 美丽且神秘的极光

⊙ 极光的出现和太阳风关系密切

这种独特角度使粒子以最佳动能斜射入大气层，激发大气分子发光，造就了震撼人心的极光盛宴。

地球磁场一直处于变化之中，而且每隔一段时间就会出现一次磁极倒转现象。科学家在对陆地和海底岩石的磁性进行研究时发现了强有力的证据。我们都知道地底岩浆凝固形成岩石，而岩浆当中含有铁等磁性物质，它们在地球磁场的作用下，会形成像磁铁一样拥有磁性的石头。这些石头的磁场方向与当时地球的磁场方向是一致的。一些科学家发现，有些岩石的磁场方向与现今地球的磁场方向是相反的，因而得出了地球磁场曾经发生倒转的结论。

科学家通过测算发现，在过去的 7600 万年间，地球磁极发生过 170 多次倒转，而最近的一次是在 78 万年前。英美科学家均发现地球磁极的位置正在持续移动，且速度有加快的趋势，未来不排除会出现磁极倒转的可能。

在科幻小说或影视作品中，人们曾无数次幻想过地球磁场倒转会给人类带来怎样的危害。那么，一旦磁极倒转会发生什么呢？

⊙ 地球磁极倒转，地球可能会陷入死寂

地球环境面临挑战

如果地球磁极真的发生倒转，地球磁场强度可能会大幅减弱。科学研究推测，此时地球对太阳风和宇宙射线的防御能力将明显下降，地球生命或受到威胁，人类健康风险可能增加。随着时间的推移，地球的保护屏障——大气层可能逐渐流失，地球环境将面临更严峻的挑战。

地球气候可能发生明显变化，原本干旱的地方可能暴雨不断，原本潮湿的地方或许会长期干旱而寸草不生。一些依赖地磁场辨别方向的生物，如鲸和候鸟等，可能会因磁场扰动而暂时迷失方向。与此同时，极端天气如飓风、骤雨和海啸……电影《2012》所描绘的自然灾害将持续上演。雷达、通信、导航等设备也会因为卫星信号受到干扰而难以正常运作。指南针也会“犯迷糊”，指示方向失灵，变成“指北针”。

科学家们至今无法预测下一次磁极倒转会发生在什么时候，因为从历史上看，每隔 10 万～ 100 万年，地磁场便会发生一次完全的极性倒转，但周期不固定。地磁方向与强度的具体关联机制科学界仍在持续研究中。科学家也在努力寻找可以控制地球磁场的方法，让地球和人类免受磁极倒转带来的毁灭性灾难。届时磁极倒转的影响就只是南北半球互换这么简单，也是有可能的！

⊙ 地球磁极倒转还会导致巨大的自然灾害

如果地球完全被海水覆盖，会发生什么？

凯文·科斯特纳和丹尼斯·霍珀在20世纪90年代主演的科幻片《未来水世界》曾向我们展示了一个满是水的地球。

影片中，由于人类一味地掠夺大自然，地球臭氧层遭到严重破坏，南北两极冰川大量消融，地球成了一片汪洋，几乎完全被海洋覆盖。人们只能在水上生存，他们建起水上浮岛，用船代替陆地，泥土和淡水成为稀缺物品。

地球表面曾经完全被水覆盖过吗？

是的，地球表面曾经大部分被海洋覆盖。在距今 25 亿 ~5.7 亿年的元古宙，地球还很年轻，表面的地形也不像如今这般复杂多变，彼时的地球表面几乎都是海洋。科学家推测，当时地球表面的水比现在多很多，就连很多山峰也被淹没了。

科学家的依据就藏在地幔里。地幔中存在很多特殊矿物，这些矿物中可能储存有水分。2021 年有研究指出，地球地幔中可以储存相当于现代海洋水量数倍的水分。

⊙ 随着地壳运动，地幔吸收了大量的水

我们的地球是一颗美丽的蓝色星球，表面大部分被水覆盖。随着全球气候变暖，或许将来有一天地球会像几十亿年前一样，全部被海水覆盖。

那么问题来了，如果这一天真的到来，我们的生活会怎样呢？除了像《未来水世界》那般搭建水上浮岛，我们可以生活在水下吗？如果生活在水下我们要如何呼吸和吃东西呢？

身体可能吃不消

在中国神话故事中，海底有龙王居住的水晶宫；西方神话中，海底深处有神秘古城亚特兰蒂斯。我们在水下生活，面临的最大问题就是身体无法适应。

这是因为，水的深度每增加 10 米，水的压强就会增加 1 个大气压。现有海洋平均深度在 3300 米以上，也就是海底水压超过 330 个大气压，换算过来相当于每平方厘米压着接近 330 千克的重物。这种巨大的压力对于水下城市的建筑物外壁耐压强度要求非常高。在现有技术下，商业化水下城市的实用深度通常被限制在 100 至 300 米(基于成本与安全平衡)，超过这个深度，建筑物和人体都难以承受来自外部的水压。

⊙ 神秘的水下古城亚特兰蒂斯

氧气！氧气！

接下来需要解决氧气供应问题。依靠肺部在水下呼吸几乎是不可能的，一个普通的氧气瓶只能支持一个人在水下活动几小时。

想要在水下长久生活，一是靠进化出鳃，二是靠科技。在现有条件下只能选择第二条路：通过科技手段提供氧气系统。可以在水下城市中种植大量特殊藻类。深海一片漆黑，无法利用太阳能，需要使用人造光促进这些藻类光合作用产生氧气。同时需要巨型防护罩包裹城市，配合过滤机器持续净化空气。

⊙ 除了氧气，想要水下生活，还需要找到食物来源

传统食物问题须解决

除了空气和防护罩，我们还需要解决食物问题。饮用水可以通过海水淡化获得。因为生活在海底，海鲜和可食用海藻可源源不断地取得。但是其他传统食物，像谷物、蔬菜、水果等，就需要通过耕作来实现，生活在海底的居民需要开始种植耐盐作物。

水下安全更须警惕：当水深超过 50 米时，裂缝会导致水流像高压水枪般喷射，普通氧气瓶在巨大水压下根本来不及使用。真正保险的做法是每个房间配备自动密封舱，同时建立蜂巢式结构，让损坏区域能快速隔离。

日本的一家建筑公司曾经公布过一个水下城市的设计方案，这个水下城市由一个直径 500 米的浮动球体结构构成，可以容纳 5000 名永久居民。

看到这里，你不禁会问，水下城市的能源来源于哪里呢？这些能源可以来自深藏在海底几千米下的沼气制造厂，以及波浪能、洋流能、风能、太阳能、温差能等。

或许不久的将来，我们就可以去这座水下城市参观甚至生活！

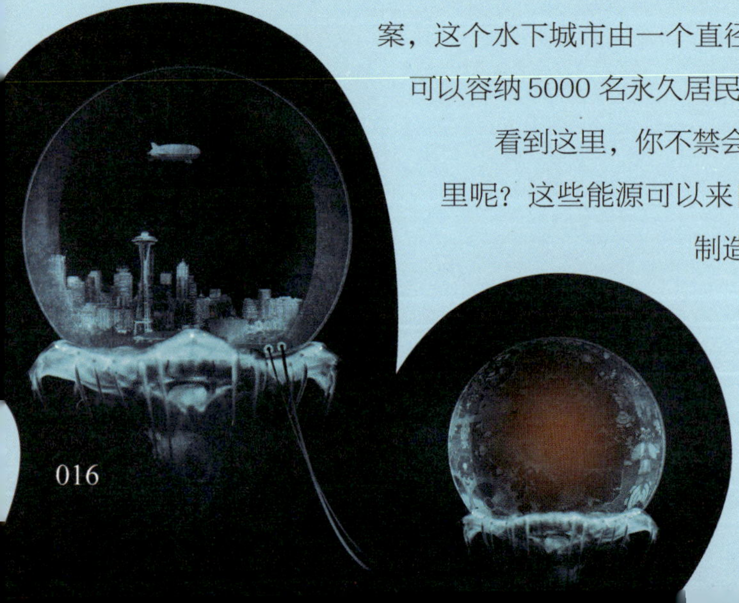

如果地球忽然失去了大气层，会发生什么？

就像地球大陆起初是连在一起的，因为地壳运动才逐渐分离；就像“世界屋脊”最高峰珠穆朗玛峰，从海底被板块碰撞推上云端…… 我们赖以生存的地球自 40 多亿年前诞生至今，一直处在不断的变化之中，地球表面的大气层也是如此。地球的大气层看似平稳，其实也经历了漫长演变。

什么是大气层?

大气层，又被称为大气圈，是由于地球引力作用而环绕在地球外部的一层由混合气体组成的圈层。大气层在地球已经存在了几十亿年，经历了从原始大气到次生大气的复杂演变，才有了现在稳定的大气圈层。人类赖以生存的空气就是大气层的一部分。

大气层主要由对流层、平流层和中间层组成，此外还有外围的热层和面向外太空的散逸层。每个分层对人类活动都起着至关重要的作用。其中，对流层为我们带来风霜雨雪的天气变化；平流层中臭氧含量相对较高，吸收了太阳光中大部分的紫外线。而中间层、热层和散逸层则共同削弱了来自太空的辐射与高能粒子侵袭。

地球能够成为太阳系中的“宜居星球”，大气层功不可没。这层气体防护罩不仅提供了我们呼吸所需的氧气，还通过温室效应维持地表温度让液态水得以存在，其中的臭氧层更是阻挡了 97% 的致命紫外线。

但是有研究发现，由于气体分子热运动造成的逃逸和太阳风带电粒子的剥离作用，地球每年约有数万吨大气逃逸到太空。虽然和地球大气的总质量相比，缺少它们看起来微不足道。但持续数十亿年后，在太阳演化末期剧烈活动影响下，地球可能最终失去这层生命保护罩。

如果地球大气层真的消失了，我们的地球又会发生什么呢？

生物将无法呼吸

最直接的生存威胁是氧气供给系统的崩溃。对于任何依靠氧气生存的生物而言，这都是致命的打击。当然，也不排除某些古菌以及厌氧生物可以在真空环境中存活下来，并适应极端环境。

对于人类来说，唯一的存活机会就是拥有全封闭维生系统，维持气压与氧循环，同时抵御因大气消失导致的致命宇宙辐射。

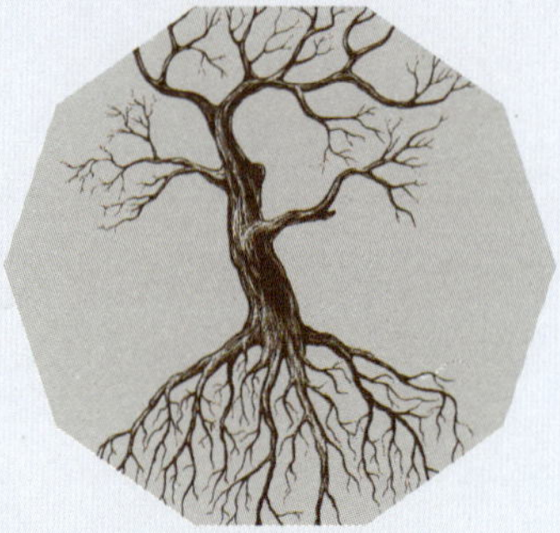

地球将鸦雀无声

大气层一旦消失，地球会变得鸦雀无声，因为声音是通过空气振动传播的。大气层消失意味着地球将处于真空环境，声音是无法传播的。从这个角度来说，《星球大战》系列电影里所描述的场景是不科学的，因为在太空中，是不可能像我们日常生活中那样用声音来交流的。

⊙ 失去大气层后，地表水将最终气化

地球炼狱即将来临

天空将变得昏暗无比，没有了湛蓝色的天空，没有了形态各异的云朵，日出日落的绚丽光辉和美丽的晚霞也不复存在，甚至微风拂面的美好也将瞬间荡然无存。没有了大气层的吸收和散射，整个地球将完全暴露在太阳辐射之下。

地表温度将会骤然上升，地球上所有湖泊、海洋、河流无法稳定存在，水体会迅速蒸发，产生的水蒸气因缺乏大气压无法形成云层，最终被太阳风剥离并散逸至太空。

面对来自外太空的威胁

缺乏大气层保护，地球相当于完全“裸露”在太空环境中。大气层能通过摩擦燃烧阻隔大部分流星体袭击地球。一旦失去大气层的保护，地球将频繁遭受流星体撞击，表面会变得像月球般坑洼不平。

如果地球忽然失去氧气5秒，会发生什么？

氧气，是我们赖以生存的物质，它无色无味，看不到也摸不着，你甚至感受不到它的存在，但是它存在于地球的每一个角落。氧气对于人类更是至关重要，尤其是人类的大脑，即使短暂地缺氧，也会导致不可逆转的神经细胞死亡，造成身体功能受损。

大多数需氧生物具有感受氧气浓度的信号识别系统。在高海拔地区，由于氧分压降低，人体会出现呼吸急促、面色发白等症状，血液中红细胞数量可能会增加，以增强氧气的运输能力。对于大多数需氧生物来说，每时每刻的呼吸都离不开氧气。

地球是如何拥有氧气的?

地球诞生之初（距今约 46 亿年），大气当中根本没有氧气，那时的地球是一个令人窒息的地方。早期地球宛如一片火海，地表遍布着红色的熔岩，如炼狱一般，任谁都想不到它有一天会变成宜居的星球。

小行星、彗星的接连撞击，为地球带来了大量的水，加上火山活动释放的大量水蒸气，大约 40 亿年前，随着地球的冷却，开始了一场长达百万年的降雨，原始海洋由此形成。随后，最早的一批厌氧生物开始出现。

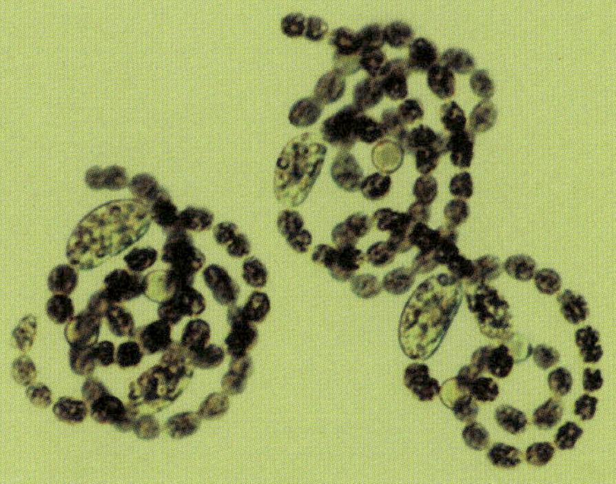

⊙ 蓝细菌曾为地球创造了大量的氧气

直到约 35 亿至 33 亿年前，一种叫作蓝细菌的生物出现了。我们都知道，植物的光合作用可以维持生态圈里的氧气平衡。而蓝细菌这种原始微生物是地球上最早的光合自养产氧生物，它的出现逐渐改变了地球当时的厌氧环境。然而，氧气的积累是一个漫长的过程，直到约 23 亿年前，地球才进入“大氧化时代”，氧气含量逐渐增加，需要氧气的地球生命开始孕育。

但其实，从地球出现氧气到大气层中氧气稳定这段时间中，地球经历了一段历时一亿年的缺氧时期，环境经历了剧烈变化。约 23 亿至 22.2 亿年前，大氧化事件导致氧气浓度增加，但同时也可能触发了休伦冰期，这是地球历史上最早的“雪球地球”事件之一。这一时期，包括赤道附近的低纬度地区在内，地球表面大部分区域被冰雪覆盖，许多早期生物可能因此灭绝，而深海热泉口等极端环境中的一些古老生命得以存活，成为地球生命延续的重要部分。

如果地球失去氧气，那又会发生什么呢？

氧气约占空气体积的21%，如果氧气突然消失，气压会瞬间降低约21%。这种气压变化会让耳膜内外产生明显的压强差，导致剧烈疼痛或不适。同时，人体内的氧气供应也会迅速中断，导致头晕、乏力，甚至意识模糊。

⊙ 臭氧层逐渐消失，紫外线威胁增加

臭氧层位于平流层，主要由臭氧（O_3）组成，而臭氧的生成依赖于氧气。如果氧气消失，臭氧层会逐渐减少，导致紫外线辐射增强。这意味着地球表面将暴露在更强的紫外线中，增加皮肤烧伤和皮肤癌的风险。

水分子由氢原子和氧原子组成，但氧气消失并不会直接导致水分解。然而，如果氧气长期消失，水分子可能会通过其他途径（如光解作用）逐渐分解，释放氢气和氧气。这将导致地球上的水资源逐渐减少，威胁所有依赖水的生命形式。

天空变暗，光线减弱

天空的蓝色是大气中的分子（主要是氮气和氧气）对太阳光进行瑞利散射的结果。如果氧气消失，虽然氮气（占空气体积的78%）仍然存在，但散射太阳光的分子减少，天空会变暗，颜色会变得更深。

当然，我们都知道，氧气是地球上大多数生命形式（包括人类、动物和许多微生物）呼吸的必需品。如果氧气消失，所有高等生物将在几分钟内窒息而死。只有少数厌氧生物能够在无氧环境中存活，但它们的生存范围极其有限。

氧气是地球生命和环境的基石。失去氧气，哪怕只是短短几秒钟，也会对地球的生态系统、大气层和人类生活造成巨大的冲击。

地球的勃勃生机，时刻离不开氧气。深呼吸，感受大自然的馈赠吧！

如果地球是方形的，最终会怎样？

大自然热爱曲线之美，当我们在地面仰望天空时，隐现在云间的柔美线条让人着迷；从高空俯瞰海岸，那一道蜿蜒的蔚蓝也让人沉醉。

地球并不是一个完美的球体，而是一个两极略微扁平的椭球体。由于地球自转产生的离心力，积累效应使得赤道半径（约 6378 千米）比极半径（约 6357 千米）更长。因此，如果从地球中心向外测量，地球的最高点并不是海拔最高的珠穆朗玛峰，而是位于厄瓜多尔的钦博拉索山。这是因为钦博拉索山靠近赤道，而赤道区域距离地球中心更远。

为什么地球是椭球形？

任何一个旋转的物体都会受到向外的惯性，这种效应通常被称为“离心力”。地球在自转的过程中，由于离心力的作用，赤道区域会向外隆起，而极地区域则相对扁平。就像你双手按压一个球的上下两端时，球的中间会自然凸起一样。

⊙ 土星维持在较高的自转速度上

物体的旋转速度越快，所受到的离心力也就越大。这一点在木星和土星这两颗巨型气体行星上表现得尤为明显。这两颗气体星球都是不完美球体，也在自转中因离心力而被“压”扁。木星是太阳系中自转速度最快的行星，其赤道隆起现象甚至可以通过小型望远镜观测到。

土星的自转速度也非常快，使土星成为太阳系中最扁的行星之一，它的赤道直径比两极直径长了约 10%。

那么，假如有一天地球变成了一个立方体，会发生什么呢？

奇怪的视野

变成了立方体的地球每条棱长约 1 万千米，当我们睁开眼睛，首先让我们大为震惊的便是四周的一望无际。当地球是球体时，由于地球的弧度，我们的视野会受到限制，对于一个身高 1.7 米的人来说，理论上能够看到的最远距离约为 4.6 千米。当地球变成一个立方体后，视野将广阔得令人害怕。由于没有地球曲率的限制，理论上我们可以一直看到地平线的尽头（假设没有障碍物）。

当你靠近立方体棱边时，会遭遇更诡异的物理现象。随着向棱边移动，身体需要持续前倾以对抗逐渐倾斜的重力——由于立方体的重力始终指向几何中心，在距离平面中心 5000 千米处，重力方向已与地面形成 45° 夹角，相当于每走一步都在攀登斜坡。而返程时重力分量将推动身体滑向中心，产生类似月球漫步的失重错觉。

当你走到立方体的边角时，你将看到不一样的奇观。除了独特的视角之外，还会遭遇更诡异的物理现象，行进会变得越发艰难，但当你从边角返回中心时，就会身轻如燕。

这是因为，当地球是球形的时候，我们感知的重力都是指向球心的，始终与地球表面垂直；但当地球是立方体时，重力就会指向立方体的中心，越向着平面的边缘前进，重力方向对地面的倾斜度越大，就相当于在爬一个陡峭的斜坡，人为了保持直立，将不得不向前倾斜。

由于引力向着每个面的中心集中，大气层也受引力的影响向中心区域聚集，在中心处，大气层更厚，气压更高；而在边角处，大气层变薄，气压显著降低。在极端情况下，边角处的大气压可能接近真空，人们需要穿着航天服才能到达。

海洋同样会受到引力的影响，水体向每个面的中心集中，并在中心区域凸起，就如同一面凸透镜一般。由于水体集中在中心，每个面的可居住区域将大幅缩小，人类将不得不在紧邻海岸线的狭小区域内生存。

失去气候带

我们将失去各不相同的气候带。当我们在球状地球上时，太阳光几乎直射赤道，向上、向下斜射的阳光使地球形成热带、亚热带、温带、亚寒带和极地。而当地球是立方体的时候，这个疯狂旋转的“骰子地球”，每个平面不再是温和的纬度渐变，而是被切割成冰火两重天的“气候牢笼”。当阳光垂直炙烤平面中心时，边缘区域因入射角倾斜，接收的能量可能锐减 30% 以上。

在 23.5° 倾角下，所有平面都会经历类似地球极昼和极夜的光照周期。冬季，某个平面可能陷入数月黑暗，温度骤降。而夏季，这个面又可能全天暴晒，上演“冰与火之歌”。

⊙ 如果地球是方形的，我们可能会失去现有的气候带

在平面交接的棱边区域，冷热空气剧烈对撞，可能会产生比地球最强飓风还猛烈的风暴。至于立方体的八个顶点，在 23.5° 倾角下，每年会有短暂的时刻被阳光扫过。但大部分时间，它们依然是最寒冷的“绝对禁区”。

由于地理隔离和环境差异，不同平面上的生物可能会朝着不同的方向演化。例如，某些区域可能保留了古老的生物群落，而其他区域则可能演化出高度适应现代环境的物种。

如果有一天，我们能够克服引力，从一个平面穿越到另一个平面，那么我们可能会遇到截然不同的生态系统和生物群落。这种“跨平面探索”将为我们提供前所未有的科学发现和冒险体验。

在立方体地球上，由于引力分布不均，棱角会承受更大的应力，这会使其逐渐被侵蚀和崩塌。随着时间的推移，立方体地球的棱角会逐渐消失，最终趋向球形。这一过程可能需要数百万年甚至更长时间，具体时间取决于地球的物理特性以及外界条件的变化。

最终，地球将重新成为一个略微扁平的椭球体。

如果地球上的海洋完全蒸发了，会发生什么？

地球是目前已知的宇宙星球中表面拥有液态水最多的星球。地球拥有的总储水量约为 13.86 亿立方千米，其中海水总量大约为 13.37 亿立方千米，约占地球总水量的 96.5%。按照表面积计算，地球表面积的 71% 是海洋。

地球上最早的生命很可能孕育在海洋之中。水是生命之源，虽然许多生物可以在无氧或无光的环境中生存，但没有一种已知生物可以完全离开水。任何生物的新陈代谢都离不开水这一基础。地球之所以能拥有生命，离不开海洋的滋养。

众所周知，水是可以蒸发的。在常温下，液态水会逐渐蒸发变成水蒸气。海洋中的水也会不断蒸发，形成水蒸气进入大气。然而，地球通过水循环（如降水、径流等）维持水资源的平衡，确保水蒸气不会永久脱离地球表面。如果地球上的海洋完全蒸发，将会导致灾难性的后果。

地球的水循环系统

⊙ 地球水循环系统的模拟图

地球上的水主要分为地表水、地下水、大气水三种。地球的水循环是这些水在蒸发和重力的作用下，以气态、液态、固态的形式在陆地、海洋、大气中不断转换。

地球的大气层对水循环起着关键作用。海水蒸发后形成的水蒸气，一部分形成降水直接回到海洋，另一部分则进入大气层，在高空遇冷凝结成小水滴，再以降雨或降雪的形式返回地表。落到陆地表面后形成地表径流，或向下渗透形成地下径流，最终通过河流等方式返回海洋。这一循环过程维持了地球水资源的平衡。

如果没有了大气层的束缚，水循环被打破，时间久了，地球表面的海洋就会像放在屋里的水一样全部蒸发。如果地球上的海洋全部蒸发，会发生什么呢?

地球海洋全部蒸发的一瞬间，在浅水区游泳或是划船的人可能会坠入海底摔成骨折，但不至于有生命危险。深海中的船只就没有那么幸运了，它们会沉入海底并碎成小块。

陆地上的生物也很难幸免。一旦海洋蒸发殆尽，全球水循环将彻底中断，陆地生态系统将面临毁灭性打击。只有那些极度耐旱的植物，如沙漠植被或根系发达的低矮灌木，可能依靠残存的地下水或空气中的微量水分短暂存活，但长期生存的可能性极低。大批陆地生物会因为失去水源而死亡，即使是那些生活在沙漠或极地的动物，也依赖地下水或冰雪融水生存，最终难以幸免。

深海的海洋生物如鲸、海豚、鲨鱼等也会坠落至海底，变成一堆白骨。由于失去了赖以生存的环境，几乎所有的海洋生物将会灭绝。

⊙ 海洋蒸发之后，极端气候会在地球上发生

气候变得极端

地球气候会开始变得极端。水是维持大气温度平衡的关键因素，而海洋则是地球表面的气温缓冲带，能够吸收和释放大量热量，从而调节气温。

我们知道，沙漠地区昼夜温差巨大，就是因为缺少了水的温控作用，导致吸热和散热都特别快。相比之下，海洋地区温差小许多，有些地区像塞班岛、斐济岛等，甚至四季如春。一旦地球失去海洋，昼夜温差将急剧增大，季节变化也会更加剧烈。地球将不得不面对极端气候的挑战。

地壳运动活跃

一旦地球上的海水完全消失，地球表面气温将显著上升。原本地壳承受的海水压力消失后，地壳会因均衡调整而缓慢抬升，可能导致海底地形变化，甚至引发部分火山活动。

与此同时，全球水循环的中断将导致极端干旱，席卷亚洲、非洲、美洲的热带雨林。干旱、枯死的树木以及雷电产生的电火花，将引发大规模的森林火灾，进一步摧毁这些生态系统。

人类濒临灭亡

一旦海水全部蒸发，人类也不能幸免，饮用水源将面临枯竭，再加上持续攀升的高温，动植物的死亡，食物问题也会开始爆发，人类也会濒临灭亡。

有科学家曾通过数学物理模型计算指出，太阳每 10 亿年增亮 10%。亮度的增加意味着地球接收的热量也会增加，地球将不再处于太阳系的宜居带中。随着地球温度不断升高，海洋将逐渐蒸发并最终消失。

等到这一天到来，地球将不再适宜人类居住。如果人类文明能够延续到那时，或许只能踏上星际之旅，去寻找下一颗拥有海洋的蓝色星球。

如果地球停止自转，会发生什么？

⊙ 太阳系的八大行星

虽然我们无法感知到地球的转动，但地球的自转无时无刻不在影响着我们的生活。

我们经历的白天与黑夜、日出与日落，以及不同地区的不同时差，都是地球自转的结果。地球诞生至今已有 46 亿年，在这 46 亿年间，地球自转从未停止过。

地球为什么要自转?

故事要从遥远的46亿年前讲起。彼时的宇宙中没有太阳系，没有太阳，更没有地球，只有一团云气，里面满是宇宙大爆炸产生的氢和氦，以及多代恒星合成的重元素（如碳、氧、铁等），我们把它称为太阳星云。

我们的太阳系诞生自一片巨大的原始星云，它的尺度可能超过日地距离的几万倍。组成星云的气体分子和尘埃在不停地做无规则热运动，并与星云自身的引力达到平衡。星云本身也在围绕银河系的中心旋转，同时还在极其缓慢地自转（这可能由邻近天体的相互作用引起，也可能是在银河系诞生时产生的）。

大约46亿年前，附近的一颗大质量恒星耗尽了燃料，以超新星爆发的方式走向死亡。爆炸带来的冲击波使得太阳星云不再稳定，开始在引力作用下向中心收缩。由于角动量守恒，星云中的物质旋转着向中心沉降，并且随着星云的收缩而转动得越来越快。这就像我们在花样滑冰运动中所见到的那样：运动员张开手臂在冰面上旋转，当她把手臂缩回贴在身上时，旋转速度就会加快。超过99%的物质都落到了中心，形成一颗自转的恒星——太阳，还有一些气体和尘埃由于转动比较快而坍缩成了一个扁平的物质盘，形成一圈圈绕着太阳转动的环带。环带里的小颗粒因摩擦起电而聚集并逐渐增大，成长为尺度为几千米或更大一些的小团块（称为“星子”），这些团块又通过碰撞、吸附等过程，最终形成了大个头的行星。

宇宙中的一切似乎都在不停地旋转。但是，地球的自转并不是匀速的。我们都知道，如今地球自转一周大约需要24小时。其实，地球在形成之初，其自转速度要比现在快得多，自转一周只需要几小时。

有大量的科学研究表明，地球的自转周期在漫长的岁月中会逐渐变长。尽管每天的变化微乎其微，但经过长时间的积累，这种微小的变化也会逐渐显现出来。也许再过几十亿年，地球会逐渐停止转动。那么，如果地球停止自转，会发生什么呢?

生物节律发生错乱

当地球自转变得缓慢，给人们带来的最直观的感受就是昼夜被拉长。当地球完全停止自转，只剩公转，地球将不再有昼夜交替，而是分为永恒的昼半球和夜半球。此时你可能会暗暗自喜，那岂不是可以在夜半球好好的睡懒觉了？事情可不是这么简单。

无论是人类、动物还是植物，在不断进化的过程中早已适应了一天 24 小时的生物节律。一旦这种“生物钟”突然被打乱，地球上的生命将面临严重的不适应。

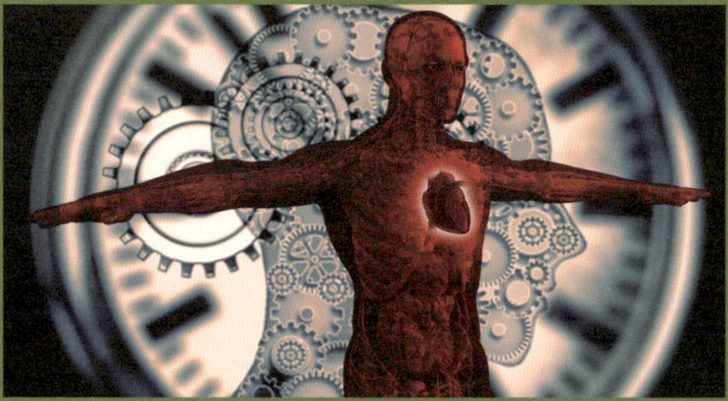

⊙ 你的生物钟和身体健康，与地球自转关系密切

地球出现极端气候

地球将出现“冰与火”“白加黑”的状态。如果地球自转完全停止，地球的一面将永远朝向太阳（白天），另一面将永远背向太阳（黑夜）。

而处于白天的半球会酷热无比，陆地温度可能会升高到 100 摄氏度以上，而海洋蒸发则会导致气压变得极低。处于黑夜的半球则成为极寒荒漠。

地球表面受力混乱

如果地球自转突然停止，由于惯性，地球表面的一切物体都将继续保持它们原来的运动速度。在赤道附近，这个速度高达约 1670 千米 / 时，并随着纬度的增加而逐渐减小。此时，地球上的人和物体将会以原来的速度相对于突然停转的地面疯狂“飞”出去。

地表的海洋会因离心力消失，在重力作用下向两极流动，导致赤道海平面骤降，高纬度地区因海水涌入而引发灾难性的海啸。同时，地球内部的熔岩开始活跃起来，地壳应力重新分布，导致地壳相互挤压或分离，火山喷发、地震、海啸等灾难接连不断，地球上的生态系统将遭受严重破坏，生物将面临毁灭性打击。

地球磁场减弱

对于那些在最初浩劫中幸存下来的生物来说，表面的暂时稳定或许能让他们稍作喘息，但绝不能高兴得太早。因为一场更为持久和致命的灾难才刚刚拉开序幕。

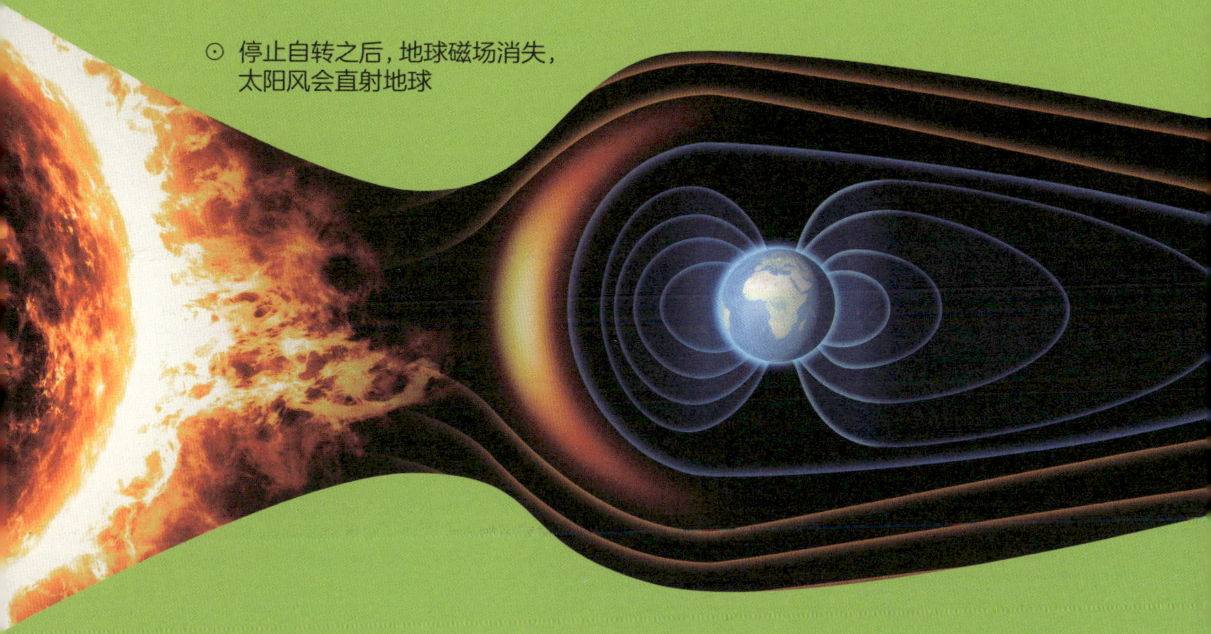

⊙ 停止自转之后，地球磁场消失，太阳风会直射地球

随着地球自转的停止，原本保护着地球的磁场可能会在一段时间后大幅减弱甚至消失，此时太阳风的带电粒子辐射将直接轰击地表，对地球生物造成威胁。

地球形态改变

一旦停止自转，地球形态也会发生变化。原本地球呈现椭球形状，这是因为地球自转导致赤道区域鼓起，两极区域则向内收缩，形成了赤道半径略大的椭球形。一旦停止自转，地球自转速度消失，离心力也随之消失，地球将逐渐恢复为接近完美的球体。然而，这一过程并非瞬间完成，而是需要漫长的时间才能完全实现。

月球离地球越来越远

地球一旦停止自转，地月系的角动量守恒定律将发挥作用。也就是说，地球失去的“转动能量”不会凭空消失，会转移到月球轨道上，使月球逐渐远离地球，其公转周期变长。

地球仪为什么倾斜 23.5°？

地球仪其实是地球自转和地理特征的精确模型。从太空角度观察，地球的公转轨道所在的“黄道面”和与地球自转轴垂直的“赤道面”之间存在一个 23.5° 的黄赤交角。

在太阳系中，各个行星原本都在自己的轨道上围绕着太阳运转。然而，在太阳系早期演化过程中，有一些不安分分子误入其他行星的轨道，并发生行星间的“交通事故”，搅乱了其他行星的平静。

在地球形成初期，一颗名为忒伊亚的小行星就这样误入了地球轨道，并和地球发生了一次剧烈的碰撞。这次碰撞可以用天崩地裂来形容，几乎彻底改变了地球的结构。

根据科学家的推测，这次撞击不仅导致了月球的形成，还可能对地球的自转轴产生了重大影响，使其倾斜了一个角度，也就是我们今天所熟知的“黄赤交角”（约 23.5° ）。

我们赖以生存的美丽星球——地球，每时每刻都在发生着各种各样的变化。尽管目前地球自转速度减慢对我们造成的实质性影响很小，地球自转停止离我们很遥远，但人类可能也无法保证在地球上可以一直生存下去。因此，我们要对地球未知的各种变化时刻保持探索。只有掌握地球的各种变化情况，才能更好地应对未来的挑战！

如果地球上的火山同时爆发，会发生什么？

2022年1月15日凌晨，南太平洋岛国汤加海底的火山突然喷发，一个巨大的火山灰云腾空升起，火山灰柱直径约5千米，高约20千米。汤加全国大部分地区一度处于完全失联的状态，犹如世界末日一般。

这次汤加海底火山喷发，是21世纪以来最为剧烈的火山喷发之一，引发了全球范围内的广泛关注和担忧。

火山是如何形成的？

地球深部的高温会将岩石熔融形成岩浆，随着地壳运动等地质活动，在压力的作用下，温度高达1000~1200摄氏度的熔融岩浆和固体碎屑冲出地表，这些物质冷却后堆积便形成了火山。有人形象地将火山称为地球的“青春痘”，地球通过火山将深部的“火气”释放出来。

火山系统一般由储存岩浆的岩浆房（位于地壳深处）、连接岩浆房和地表的火山通道（包括火山喉管）、位于火山锥顶部的火山口，以及冷却的岩浆和固体碎屑堆积而成的火山锥等组成。整体形态与我们皮肤上的青春痘的确十分相像。

⊙ 从形态上看，火山和青春痘有几分相似

滚烫的火山熔岩最高温度可达到 1000 摄氏度以上

火山喷发多具间歇性。正在喷发的和人类有史以来常作周期性喷发的火山称为“活火山”，其周期可为数十到数百年；史无喷发记录已遭严重破坏的火山称为“死火山”；虽长期无喷发活动，但有可能复活恢复喷发活动的火山称为“休眠火山”。

在地球陆地上已知的活火山约有 500 座，而海洋里的活火山约有 70 座。 陆地上的活火山中约有 20 座被称作超级火山，其中最著名的是美国黄石超级火山，它最近的一次大规模喷发约在 64 万年前，喷射出约 1000 立方千米的火山物质。

提到火山爆发最让人害怕的就是那滚烫的火山熔岩，它的温度可达 1000 摄氏度以上，流经之处的生物都会化为灰烬。但事实上，火山熔岩黏度很大，流动速度也不会太快。更需要担心的是随着火山喷发而出的固体碎屑。这些碎屑伴随的气流速度可达 100~300 米 / 秒，温度最高可达 800 摄氏度。不仅有冰雹大小的岩石碎块，还有能够侵入人体肺部的火山灰，以及高浓度的有毒气体，如二氧化硫、一氧化碳和二氧化碳等。这些碎屑气流经过的地方，生物几乎没有任何生还的可能。

一座火山爆发的威力已经如此巨大，如果地球上全部火山同时喷发，又会发生什么呢？

地球陷入一片火海

如果地球上所有火山同时爆发，巨量的火山尘（直径小于 0.06 毫米的细颗粒物质）、火山灰（直径 0.06~2 毫米的固体碎屑）及其他火山碎屑物会喷发到高空，部分火山尘和火山灰甚至可能进入平流层。肉眼可见的浓烟和火山颗粒将在大气中广泛扩散，伴随的火山弹和火山岩块会砸毁火山附近的建筑物和村庄，对人和生物造成伤害。一旦接触到火山岩浆，生物和建筑物会被烧毁或碳化。

⊙ 如果所有的火山一起爆发，地球将陷入火海

极地冰盖扩张

一层厚厚的火山灰将笼罩地球，严重削弱甚至完全阻挡阳光的直射，地球将陷入无尽的昏暗中。这些火山灰将在大气中停留至少数年之久。在缺乏太阳辐射的情况下，地球表面温度将急剧下降。这种剧烈的降温效应将引发一系列连锁反应：海洋环流系统将发生根本性改变，大气环流模式将重新调整，极地冰盖将迅速扩张，对地球生态系统和人类文明造成深远影响。

⊙ 大量火山灰笼罩地球，阻碍阳光照射，地球温度或大幅下降

地球生物凋零

由于缺少阳光的照射，无论是森林植被还是农作物，都将由于缺少光合作用而面临凋零和死亡。即使它们在没有阳光的情况下侥幸存活，等待它们的还可能是酸雨的腐蚀。

随着火山喷发释放出大量气体，这些气体在大气中与水蒸气反应，形成酸雨降落到地表。这不仅会危及植物的生存，还会污染地表土壤和地下水，导致海洋酸化，使海洋生物大面积死亡。从陆地到海洋，整个生物链都会遭到严重破坏，人类在这场史诗级灾难面前也很难幸免。

面对这种情况，最安全的地方就是地下掩体。只要准备足够的食物和保暖的衣物，等到大气恢复正常，就可以重返陆地。当然，地球上所有的火山同时爆发是不太可能发生的，至少在地球 40 多亿年的历史中，从未发生过这种情况。

如果失去摩擦力 1 分钟，会发生什么？

早期人类（如燧人氏在神话中象征的那样）通过钻木取火掌握了人工取火的方法，标志着人类文明的重要进步；大约 9000 年前，利用滑动摩擦制作的雪橇开始出现，帮助人类在寒冷地区便捷移动和运输；大约 5500 年前，滚动摩擦代替了滑动摩擦，最早的“车”悄然出现在马路上……

摩擦让我们前进，也让我们停下来。让我们可以拿起东西，也可以握住东西。简而言之，没有了摩擦，我们几乎什么也做不了！

什么是摩擦力？

两个相互接触的物体，当它们发生相对运动或具有相对运动的趋势时，就会在接触面上产生阻碍相对运动或相对运动趋势的力，这种力叫作摩擦力。摩擦力的方向与物体相对运动或相对运动趋势的方向相反。比如，我们在路上行走时，脚相对于地面有向后运动的趋势，所以地面对人就有向前的摩擦力。

摩擦力

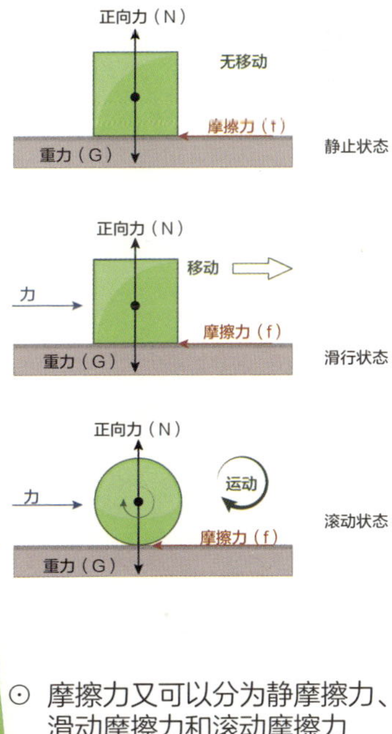

⊙ 摩擦力又可以分为静摩擦力、滑动摩擦力和滚动摩擦力

摩擦力分为静摩擦力、滑动摩擦力和滚动摩擦力三种。其中，如果两个物体之间没有相对运动，而只是有相对运动的趋势，此时产生的摩擦力是静摩擦力；一个物体在另一个物体表面滑动时，受到另一个物体阻碍它滑动的力，叫滑动摩擦力；一个物体在另一个物体表面滚动时，受到另一个物体阻碍它滚动的力，叫滚动摩擦力。

在相同的压力条件下，滚动摩擦力要比滑动摩擦力小得多。

摩擦力虽然会让我们做一切事情都变得更加费力，但它也在无形中保护着我们，方便着我们的生活。比如，轮胎或鞋底设计有凹槽，是为了增大摩擦力，防止打滑。

饮料瓶的瓶盖四周设计竖纹，就是为了增大摩擦，易于拧开。为了在雨后或是雪后行驶更安全，司机在轮胎上增加防滑链，使摩擦力增大。在搬运大件物体时，会将其装载到有轮子的小车上，以减小摩擦力，方便搬运。

那么，如果地球上的摩擦力消失 1 分钟，会发生什么？

给生活带来的一些便利

没有摩擦力，可能会给生活带来一些便利。比如，推动重物会变得毫不费力，即使是又大又重的物体也能轻松移动；火箭的发射速度可以变得更快。

给生活带来的一些麻烦

但是没有摩擦力，生活也可能会有更多麻烦。当地球上的摩擦力消失的那一刻，如果你正躺在沙发上刷手机、平板电脑就要小心了，小心“啪”的一声，被手机或是平板电脑砸到脸上。因为摩擦力消失，人们将难以抓握任何东西，物体容易从手中滑落。

在摩擦力消失的一瞬间，不只是手机、平板电脑的某些部件可能会松动，甚至脱

⊙ 如果没有摩擦力，你可以轻易推动又大又沉的物体

落，导致设备无法正常使用，许多依靠摩擦力结合的物体都将变得不稳定，甚至解体。

比如，一旦这些摩擦力消失，我们穿的衣服可能会变得松散，甚至部分纤维脱落。就算衣物没有破碎分解，人们也将难以穿着衣物和鞋子,因为它们容易滑落或脱落。

躺在床上的你想要起身，也会因为没有了摩擦力而摔几个大跟头。而站立行走的人也没好到哪里去，他们将无法正常行走，因为没有摩擦力，脚无法与地面产生摩擦力，只能在原地滑动。

如果在一辆行驶的汽车上，情况会更加糟糕，没有了摩擦力，车辆将难以减速或停止，最终可能会撞到固定物体。

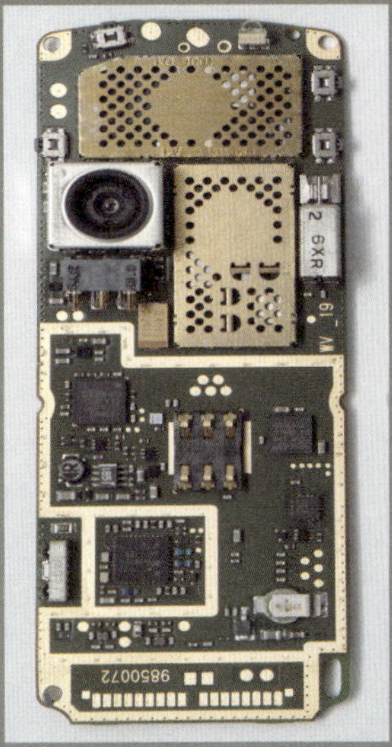

⊙ 如果失去摩擦力，电子产品的零件也会面临“解体”

地球表面的物体将失去稳定性，导致混乱

上面提到的这些还只是小事情，当你看向窗外，会发现整个世界都陷入一片混乱和狼藉。许多运动的物体将难以停止，可能会造成危险。高铁、汽车的刹车效果将大幅降低，甚至可能失控。电梯的稳定性将受到影响，可能导致运行异常或停止。飞机在地面的滑行和制动将变得极其困难，可能导致起降事故。跨海大桥和高楼大厦的稳定性将受到影响，可能导致结构松动或部分坍塌。

如果失去摩擦力 1 分钟，世界会陷入混乱，人类将面临巨大的挑战！

请对摩擦力心存感激之心吧，虽然它有的时候让事情变得困难，但有了它的存在，世界才能维持现在的秩序。

如果把地球上所有沙漠都变成森林会怎样？

每当谈及沙漠，我们的脑海中总会浮现出漫漫黄沙、烈日骄阳、寸草不生的场景。在茫茫的沙漠中，黄沙在风的作用下形成流动的沙丘，仿佛一片涌动的沙海，一望无垠的沙漠与天际浑然一体。猛烈的阳光炙烤着沙丘，热浪在空气中升腾，令人窒息。“广袤”“干涸”“荒凉”早已成了沙漠的代名词，让人对它心生敬畏。在有些人的印象中，沙漠似乎是一个对人类毫无益处的存在。似乎唯有绿洲才能在沙漠这一片死亡之海中展露丝丝生机。

我国的沙漠

在地球这颗蓝色星球的腰间，系着一条“黄色腰带”——这是一条沙漠分布高度集中的干旱带，东西跨越超过 7000 千米。它从非洲大西洋沿岸的撒哈拉沙漠西端起始，向东延伸，越过撒哈拉沙漠、西奈半岛与红海，进入阿拉伯半岛，穿越伊朗高原与中亚地区，最终抵达蒙古高原和中国西北部。我国的沙漠总面积约 70 万平方千米。

我国有八大沙漠、四大沙地，其中，八大沙漠分别是塔克拉玛干沙漠、古尔班通古特沙漠、巴丹吉林沙漠、腾格里沙漠、柴达木盆地沙漠、库姆塔格沙漠、库布齐沙漠、乌兰布和沙漠。四大沙地分别是科尔沁沙地、毛乌素沙地、浑善达克沙地、呼伦贝尔沙地。

人类一直希望将沙漠变成绿洲，但其实，沙漠和绿洲一样，都是人类和地球的宝库。如果有一天，地球上所有的沙漠都变成森林，会发生什么呢？

⊙ 地球上约 10% 的陆地被沙漠覆盖

生态危机

出于对沙漠的敬畏，很多人认为如果能将沙漠全部变成森林，就可以改善地球的生态环境。诚然，如果将沙漠全部变成森林的确可以改变气候环境，但也可能会引发新一轮的生态危机。

地球上的生态环境多种多样，无论是沙漠还是森林，它们都各司其职，共同调节着地球的生态平衡。地球上的沙漠面积约 540 万平方千米，约占地球陆地面积的 10%。

如果将沙漠全部变成森林，那么地球上的森林面积至少翻倍。森林通过光合作用吸收二氧化碳并释放氧气。如果地球上所有沙漠都变成森林，地球的氧气浓度可能会显著上升。虽然氧气是生命的基础，但过高的氧气浓度对人类和某些生物来说却是危险的。

森林火灾

氧气本身就是非常好的助燃剂，一旦沙漠全部变成森林，高浓度的氧气会使得火灾更容易发生，且燃烧更加剧烈。一旦发生火灾，火势可能难以控制，造成大面积的生态破坏。

更糟糕的是，森林火灾会释放大量二氧化碳，抵消森林作为碳汇的作用，甚至加剧全球变暖。例如，三叠纪末期的火山活动导致全球大规模森林火灾，引发了一系列连锁效应，重塑了地球生物群。

⊙ 如果沙漠变成森林，森林火灾的发生率会增加

大火在燃烧的过程中，会排放出大量的二氧化碳。这种温室气体会加剧温室效应，导致地球温度升高，加速南北两极冰川融化。冰川融化会导致海平面上升，进而淹没沿海生态系统和人类居住地，并污染淡水资源、破坏土壤。这一切都会严重压缩陆地生物（包括人类）的生存空间，并加剧生存资源的竞争。

氧中毒

人类也很难在高氧的环境中生存。氧是一种很活跃的元素，当过多的氧气进入身体，会攻击人体健康的细胞，导致身体功能出现障碍。空气中氧气浓度升高，人可能会出现“醉氧”症状，如头晕、恶心、呼吸困难等。长期暴露在高氧环境中，还可能引发氧中毒。过量的氧气会生成大量自由基，攻击人体细胞，加速衰老过程，甚至可能缩短人类寿命。

而且想要把沙漠全部变成森林，必定会消耗大量的人力、物力和财力，森林的生长需要稳定的水源，比如亚马孙河为巴西的热带雨林提供了重要的水资源和养分。

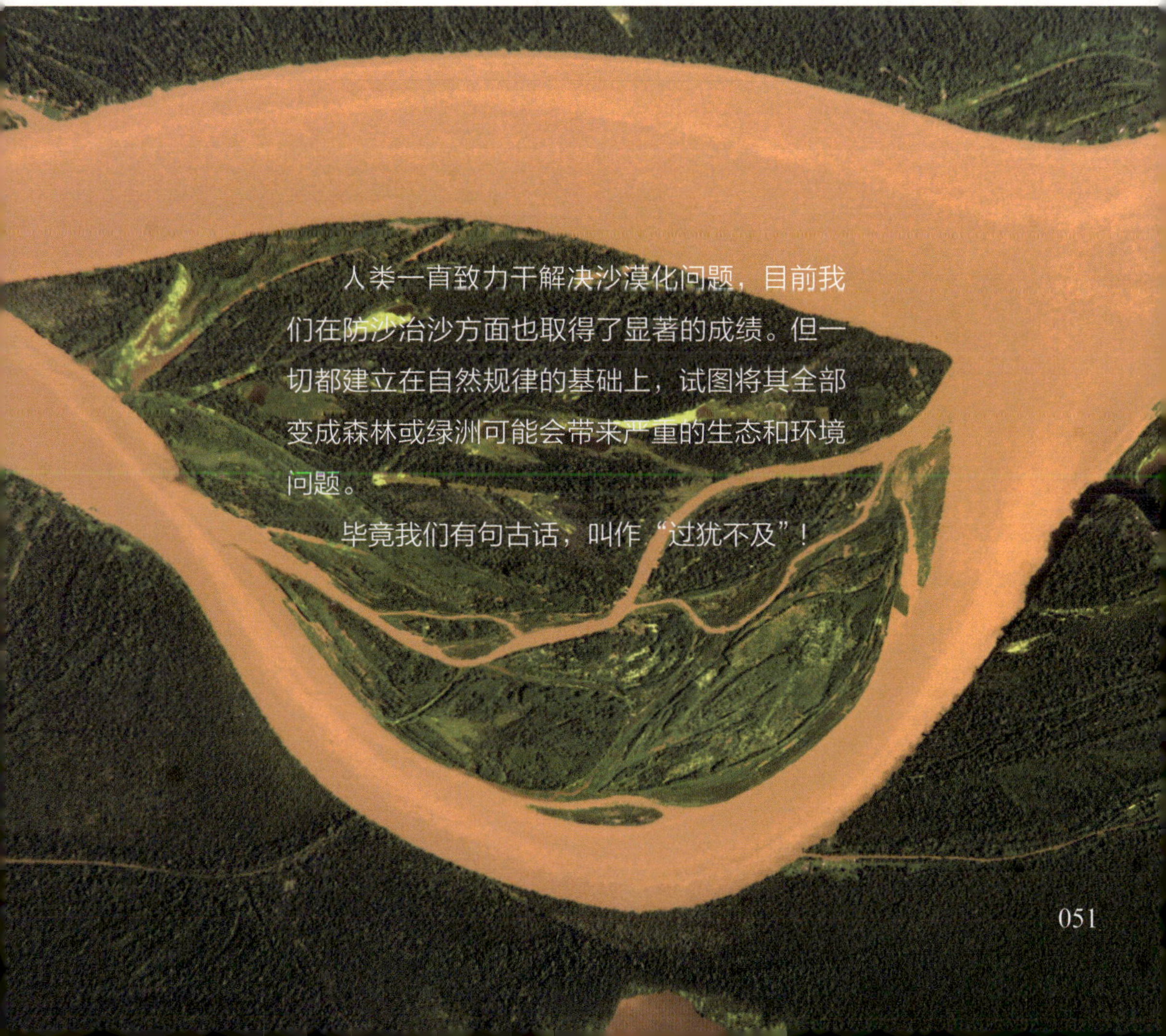

人类一直致力于解决沙漠化问题，目前我们在防沙治沙方面也取得了显著的成绩。但一切都建立在自然规律的基础上，试图将其全部变成森林或绿洲可能会带来严重的生态和环境问题。

毕竟我们有句古话，叫作“过犹不及”！

如果海水变成淡水，世界会变成怎样？

你知道吗？联合国发布的最新报告指出，目前全球 10% 的人口居住在高度或严重缺水的国家，缺乏安全饮用水的人口高达 20 亿，而到 2050 年，全球面临缺水问题的城市人口将翻倍。我国也是世界上最缺水的国家之一。

资料显示，地球的总储水量大约是 14 亿立方千米，但其中约 96.5% 都存在于海洋中。这些水由于自身的高盐度，不能被人类直接用于饮用或者灌溉。

地球淡水总量约占地球总储水量的 2.5%。这些淡水资源中约有七成储存在两极地带的冰盖和山区的冰川中。再除去难以开发的深层地下水，只有 0.3% 的淡水以地表水的形式存在，能被人类直接利用。

为什么海水是咸的？

地球水循环保证了地球水资源处于动态平衡中。在水循环的过程中，降雨会持续地将地表的化学物质冲刷进入江河，江河不断产生径流，最终汇入海洋。通过水循环，江河水持续更新，而同一地区的湖泊水体更新时间通常比江河更长，这可能导致化学物质逐渐积累。

⊙ 地球水循环的过程（示意图）

海洋作为水循环的重要储存库，尽管容积巨大无比，但它不像江河那样更新迅速，经过长年累月的积累，大量的可溶盐在海水中慢慢积累。这些可溶盐中以氯化钠为主，也就是我们厨房里常用到的食盐，其他还有氯化镁和硫酸镁等可溶盐。因为这些成分的存在，海水呈现出又咸又苦的味道。地球上淡水资源十分有限。

如果将海水全部变成淡水，不再是咸的，将会发生什么呢？

⊙ 海水变成淡水之后，首先遭殃的是海洋生物

大多数海洋生物集体灭绝

绝大多数海洋生物适应了咸水环境，若海水突然变为淡水，它们可能因渗透调节失衡，导致细胞肿胀甚至破裂而死亡。海洋生物的细胞可类比为装有溶质溶液的气球：细胞液的溶质浓度决定了体液的渗透压，通过与海水环境的平衡维持细胞稳定。不同海洋生物的渗透压适应能力差异显著，其生存深度主要由温度、压力等因素共同决定。

当这个“气球”处于盐度相近的环境中，内外渗透压平衡，其形态保持稳定。若将其置于淡水中，外界渗透压显著低于内部，水分会通过渗透作用大量涌入，导致“气球”膨胀破裂。因此，海水淡化将导致绝大多数海洋生物因体液失衡而死亡。海洋生态系统的崩溃将直接威胁人类食物链的稳定性。

地球将出现极端恶劣气候

我们都知道，海洋对于气候的调节至关重要，这一过程中海水盐度与温度共同发挥着作用。温度和盐度的差异驱动了温盐环流的发生。所谓温盐环流，是由海水温度及盐度差异引起的密度变化所主导的全球洋流循环系统。

⊙ 海洋对地球气候的调节起到至关重要的作用

温盐环流的作用机制

在欧洲大陆西侧的大西洋北部，存在一股北大西洋温盐环流。它从低纬度向高纬度流动，是全球温盐环流系统的关键组成部分。

赤道大西洋地区，表层海水通过沿岸的湾流向极地流动。在向高纬度流动的过程中，表层海水逐渐冷却、蒸发，密度增大，最终在北大西洋沉入深海。原本温热的赤道海水变成了又冷又咸的北大西洋深层海水。

下沉的深层海水沿大西洋向南流动，绕过南极洲后进入印度洋和太平洋，并在这些海域缓慢上涌至表层。表层海水随后通过风驱洋流（如赤道暖流）返回大西洋，形成跨越千年的全球循环。这一“海洋传送带”将赤道的热量输送到高纬度地区，例如，维持了欧洲相对温和的气候。

温盐环流是全球气候系统的核心调节器。其循环依赖于海水温度与密度梯度：高密度海水下沉驱动深层流动，低密度海水上升形成回流，从而实现跨纬度热量交换。若海水盐度消失，仅靠温度差异无法维持深层海水下沉，温盐环流将停滞。这将导致赤道地区热量无法向高纬度地区输送，赤道与两极温差急剧扩大——热带可能持续酷热，高纬度地区陷入严寒，全球降水模式紊乱。现有生态系统和人类文明均难以承受如此剧烈的气候冲击。

我们从小就知道“淡水资源很少，要节约用水”，淡水是我们赖以生存的关键要素。如果这个世界上所有的海水都变成淡水，短期来看，的确能带来一些生活用水上的便利。但长期来看，海水盐度消失不仅会让海洋生物受到伤害甚至灭绝，还可能会给气候和生态带来毁灭性打击，对人类来说并不是一个好选择。

⊙ 如果海水盐度消失，极端气候更容易出现

⊙ 从太空中看地球，它是一颗蓝色的星球体

如果地球体积扩大 10 倍，会怎样？

充足的氧气、丰富的水资源、适宜的温度和湿度，让地球成为适宜人类居住的星球。从太空中看，地球是一颗蓝色的星球。

地球直径约为 12756 千米，体积大约是 1.083×10^{21} 立方米，总面积约 5.1×10^{14} 平方米，质量达到 5.965×10^{24} 千克，平均密度约为 5.2 克 / 厘米 ^{3}。如今，地球上的人口数量已达 80 亿，在人口密集的地区，有人或许会感慨，如果地球能变大一些那多好！

如果地球体积变大 10 倍，变成一颗“超级地球”，我们真的会过得更好吗？答案就是：当然不会！

重力增加

通过电影影像，我们可以看到宇航员们在月球上，即使穿着笨重的航天服，也可以跳跃如飞。这是因为月球质量只有地球的 1/81，月球表面重力加速度为地球的 1/6（1.62 米 / 秒 ^{2}）。因此，宇航员在月球起跳高度可达地球的 6 倍，这是肌肉力量与低重力环境共同作用的结果。

⊙ 月球的质量只有地球的 1/81

若地球体积增大为原来的 10 倍（假设密度不变），其质量将同步增加至原来的 10 倍。根据万有引力定律，地表重力加速度将提升至原值的约 2.15 倍。

此时你会感到身体重量突然增加，甚至连走路都觉得非常吃力。行走时对抗重力的机械功与重力加速度成正比，能量消耗至少增加 2 倍；走得越多，消耗的能量越大，人也就会越发疲惫。

⊙ 宇航员在月球上行走会比在地球上感到轻松许多

人类发展成“小矮人”

在重力增强的压迫下，人类的生理活动将面临严峻挑战。日常劳作耗能增加 1.5 至 2 倍，搬运 10 千克物品，将如搬运 21.5 千克的哑铃般沉重；孩童背着书包步行，相当于扛着一个成年人行走；心脏需克服更大的血液循环阻力，稍有不慎便可能引发脑部缺氧。长此下去，人类的骨骼也会发生重大变化，体形会在重力的作用下变得更加“矮胖”，届时人类的平均身高可能在 1.2~1.4 米，变成“小矮人”。地球上的其他生物，甚至是地貌也不能幸免，百米高的红杉也许会退化为 50 米“侏儒”，年轮密度增加 2 倍以抵抗重力弯矩，而世界第一高峰珠穆朗玛峰的高度也会相应“缩水”。

大气层增厚

⊙ 假如地球体积增大，大气层也会随之增厚

当地球体积增大为原来的 10 倍时，包裹在外层的大气也会发生相应的变化。届时，地球大气层会变得浓厚许多，相应的大气压也会增加，地球上很多生物的呼吸都会变得困难。生物的肺工作量也会增加，长时间高负荷运行，会让脏器负担加重。

不仅如此，大气层越厚，发生温室效应的可能性越高，地球表面温度升高也是必然的。

地球磁场减弱

另外，假如地球体积比现在大 10 倍，其质量和引力也会显著增加。地球内部的结构，包括地核和地幔，也会随之发生变化。更大的质量和引力会导致地表之下的压力急剧增加，这种巨大的压力可能会对地核的状态产生影响。如果这种影响致使外核的液态部分减少或固化，那么地球磁场的强度可能会减弱，甚至可能逐渐消失。地球磁场保护着地球生命免受来自外太空高能带电粒子等电离辐射的伤害。一旦磁场减弱或消失，地球生命将会暴露在这些伤害之下，或将面临灭顶之灾。

⊙ 地球内部能量增大，会引发更多的灾难发生

随着地球体积的增大，其内部能量也会显著增加。更大的质量及其产生的更强引力会导致地球内部的压力和温度升高，从而加剧板块运动。更剧烈的板块运动可能会诱发更多的火山爆发、地震和海啸等地质灾害，对地球表面环境和生命造成巨大影响。

迄今为止，人类对于地球内部的物理机制，了解得并不是很全面。因此，对于地球体积变大之后将会发生什么，一切还处于推测阶段。但好消息是，我们目前所处的地球还并不是变大后的“超级地球”！

如果地球是扁平的，会发生什么？

如今，从太空传回的地球影像，以直观的球状形态向人类揭示了我们所栖居星球的全貌。如果这个时候，有人告诉你地球是平的，你肯定认为这是一个大玩笑。

在人类文明早期，“地平说”被大多数人所相信，在我国古代就有“天圆地方”一说。最早提出“地圆说”理论的是古希腊数学家毕达哥拉斯，大约在公元前 6 世纪，他率先提出了地球是球形的假说。到了公元前 330 年，古希腊哲学家亚里士多德也对地球是球体的假说表示支持。“地圆说”才逐渐成为大众的共识。

在我们看来，地平说是荒诞无稽的，不符合科学论证。但地球上仍有不少人坚定地拥护着“地平说”，他们还成立了一个“地平说”组织。

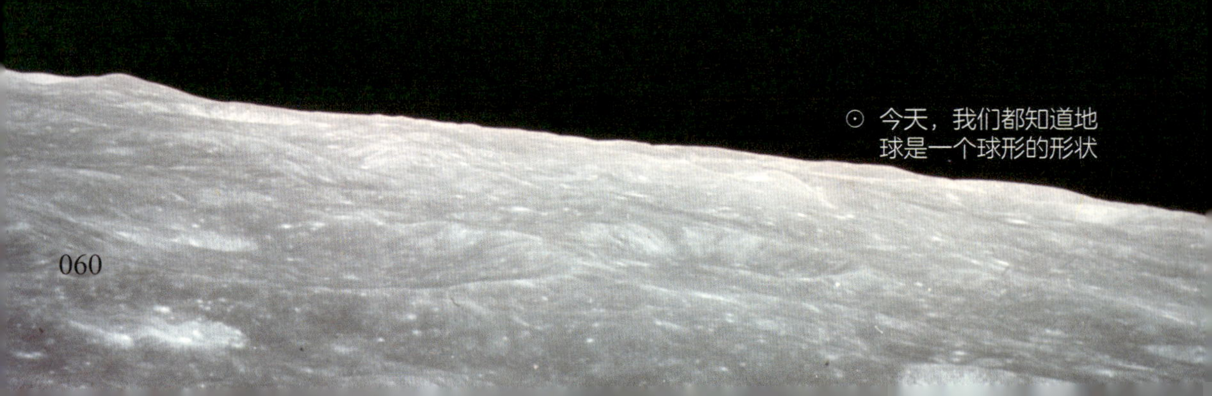

⊙ 今天，我们都知道地球是一个球形的形状

地平说协会及其成员眼中的世界

这个组织自称为国际地平说协会，成立于 1956 年，创始人是英国皇家天文学会及英国皇家地理学会的成员塞缪尔·申顿。他和学会的其他成员认为地球是一个大圆盘，在圆盘的中心是北极，最外面的一圈是南极，南极冰川的冰将海洋包裹起来，形成一堵冰墙，这样海水就不会“遛”出去了。至于圆盘的另一面是什么样子，他们也没有给出统一的答案，大多数人认为是由岩石构成的。

关于地球的昼夜更替，在他们的理论里，太阳和月亮两个发光体在距离地表约 5000 千米的平面上绕着地球画圈，在 24 小时内，地球一部分地区被太阳照耀，是白天，另一部分区域则处于黑夜。他们还认为重力是人们的一种错觉，一切都归因于地球圆盘的神秘力量。

“地平说”是一种违背常理的说法，但我们也可以大胆地打开脑洞，假如地球是一个大平面，会发生什么变化？我们在这样扁平的地球上可以正常生活吗？

重力将会发生变化

在球形的地球上，地球表面的物体所受到的重力全部垂直向下指向地心。一旦地球变成了扁平的圆盘，重力会随着位置的变化而变化。类似于一个带电圆盘对一个带电粒子的作用力，只有在圆盘中心点那一个点理论上是0，其他位置的重力方向会指向圆盘的中心（即北极），并且大小会随着距离中心的远近而变化。

当然，我们也可以假设在重力存在的情况下，地球仍然可以成为一个稳定的圆盘。那么，我们所受到的重力将不再是垂直向下的，而会在地心引力的作用下向圆盘的中心（也就是北极）靠拢。地球表面所有的房屋、植物都会向圆盘中心的方向倾斜。越是远离地球中心，这些建筑、植物倾斜的角度会越大。因为它们始终有一个目标，就是与圆盘的中心对准。

⊙ 扁平的地球就像宇宙中的一个圆盘

生活在地心周围的人，生活状态与现在应该相差不大，但越往边缘走，受到的引力作用会越大。随着距离地球中心越来越远，走路会变得像攀岩一样。走到地球边缘甚至会有一不小心就会从边缘弹回地球中心的感觉。而此时我们不得不抓紧周围的东西，稍有松手就会在引力的作用下加速向中心移动。

我们会在扁平的地球上迷路

当地球变成一个扁平的圆盘时，现阶段人类发射进入太空的人造卫星有可能无法维持原有的运行轨道。这是因为现有卫星的轨道依赖于地球的球形引力和自转产生的向心力。在扁平地球模型中，这些条件不复存在，卫星会失去稳定的轨道，最终失灵。那些依赖卫星的技术，如 GPS 定位、物流信息更新等，也将随之失效。如果我们去旅行，可能会面临迷路的风险，因为现有的导航系统将无法使用。

虽然在科技迅猛发展的今天，“地平说”已经被证明是荒谬的、不切实际的理论，但从另一个角度来说，这种设想也为我们提供了打开“脑洞”、用科学探讨问题的机会。

如果地球一面永远向着太阳，会发生什么？

你知道吗？我们每次抬头看到的月亮，都是月球的同一面。更准确地说，在地球上不同地点、不同时间所看到的月球表面范围是略有不同的，但大致上只能看到月球不足 60% 的表面。这是潮汐锁定使月球的自转和公转同步的结果。

什么是潮汐锁定？

提起潮汐，大家首先想到的是海水的周期性涨落。地球是一个巨大的球体，海水分布在地球表面，离月球和太阳较近的海水受到的引力较大，而离月球和太阳较远的海水受到的引力较小，这个引力差就形成了潮汐。

后来潮汐被扩展到天体与天体之间的引力差导致的变形。月球虽然是一颗岩石星球，但它不是钢体结构，也可以在强大的地球引力作用下被拉长变形，向着地月连线方向隆起。原本月球自转速度较快，但潮汐作用会在月球内部产生摩擦力，消耗其自转能量，从而降低了它的自转速度。

⊙ 潮汐产生的重要原因之一是地月之间的引力

经过日积月累，直到月球自转速度降到一个临界点，也就是总以一个面对着地球，达到稳定状态，月球内部就不会再因为变形而消耗能量，这时便称月球被地球潮汐锁定。

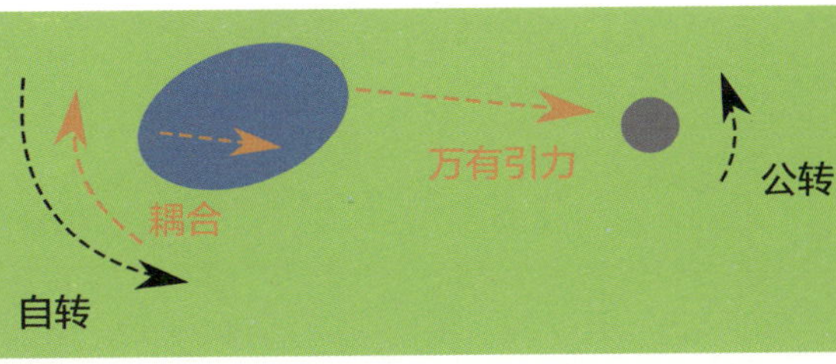

⊙ 发生在地球和月球之间的潮汐锁定

潮汐锁定不仅发生在地月之间，在浩瀚的宇宙中，这种“锁定”现象经常发生。比如冥王星和它的卫星冥卫一，由于质量相差不大而相互潮汐锁定，相互都只有一个面对着对方；再比如木星的四颗伽利略卫星，它们也全部被木星潮汐锁定，始终以同一面朝向这位“大家长”。

地球真的会被太阳潮汐锁定吗?

太阳东升西落，构成了人类美好的一天。那么问题来了，地球有一天会被太阳潮汐锁定吗?

答案是：地球被太阳潮汐锁定的可能性几乎为零。原因在于地球同时受到太阳和月球的潮汐力作用。尽管太阳的质量远大于月球，但月球距离地球更近，它对地球的潮汐力作用更强，大约是太阳的两倍。因此，月球对地球自转速度的影响更为显著。

即使从理论上的极限推演，地球被太阳潮汐锁定也需要极其漫长的时间。地球的自转速度正在逐渐减慢，主要是由于月球引起的潮汐摩擦。目前，地球的自转周期每世纪大约变长 1~2 毫秒。要将地球的自转周期延长到与公转周期相同(即 1 年)，需要数百亿年甚至更长时间。然而，太阳的寿命大约还有 50 亿年，之后它将演化成红巨星，甚至可能吞噬地球。因此，在地球被太阳潮汐锁定之前，太阳可能已经进入了红巨星阶段，地球早已不适合人类居住。

那么，假如有一天地球的一个面一直向着太阳，会发生什么?

不再有昼夜的变化

有一点显而易见，那就是地球将不再有昼夜。向阳面的地球人将会看到一轮太阳始终挂在地平线的尽头，不升不落，永远只有白天和酷暑。而另一面的地球，则只有无尽的黑夜和寒冷。

气候巨变

美国加州理工学院的气候学家使用了一种叫作大气环流模式的数学模型，模拟了地球被太阳潮汐锁定之后的气候变化情况。科学家将太阳直射点设置在西经 88 度的赤道上，也就是南美洲厄瓜多尔海岸附近，模拟时间为 50 年。

50 年后，地球温度首先发生了显著变化。向阳面最高气温达到了 40 摄氏度，而背阳面的最低气温则是 −40 摄氏度。两面的温度差没有想象中那么大，是因为地球大气的存在，将向阳面的热量传递了一部分到背阳面。专家预测，随着时间的推移，这一温差会越来越大。

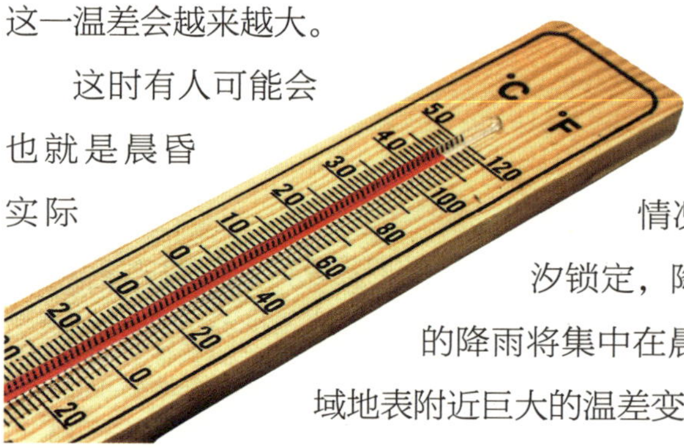

这时有人可能会问，在向阳面和背阳面的交界线，也就是晨昏线处，是不是温度适宜人类居住呢？实际情况并不乐观。因为一旦地球被太阳潮汐锁定，降水也会发生巨大变化。届时，大量的降雨将集中在晨昏线附近的狭窄带状区域。这一区域地表附近巨大的温差变化会产生强烈的上升气流，导致持续的强对流和冷凝，形成狂风骤雨（风速可达 35 米 / 秒）和密集云层。然而，一旦远离这一狭窄降雨带，大气环流将转为下沉状态，降水迅速减少。

在晨昏线降雨带的外围，下沉气流抑制降水，形成广阔的干旱区。向阳面一侧的干旱区因持续日照变得酷热，地表水分蒸发殆尽，逐渐演变为沙漠；背阳面一侧则因长期无光照且无降水，陷入阴冷干旱的极端环境。

如果有一天，地球真的变成这样，恐怕人类要搬到地下去住，或者去往宇宙，寻找一颗新的星球作为家园了！

总之，我们还是庆幸这一刻还没有到来吧！

⊙ 在向阳面和背阳面交界的带状区域，狂风暴雨可能会经常出现

如果小行星再次撞击地球，会发生什么？

大约 6600 万年前，在一个平平无奇、完全没有预兆的日子里，一颗小行星从天而降，在如今中美洲的尤卡坦半岛，与地球发生了猛烈的撞击。此次撞击使气候发生巨大变化，给地球生态带来了毁灭性的打击，也导致当时的地球霸主——恐龙的灭绝。在灾难中幸存下来的哺乳动物获得了繁衍的契机，并不断演化，出现了人类。

小行星从何而来?

地球所在的太阳系中，火星和木星轨道之间有一大批小行星，它们和金星、水星、地球等行星同根同源。但因为木星这颗“巨无霸”的强大引力，它们无法形成大行星。

有天文学家认为，这些小行星是某颗在远古时期遭遇碰撞而爆炸的神秘行星的残骸。但从形态来看，它们并不像是一个完整的整体，而且将它们组合在一起，直径只有不到 1500 千米，比月球的半径还小。后来，天文学家又猜测它们是太阳系形成初期残留下来的物质。

太阳系中，绝大多数的小行星都位于火星和木星轨道之间的小行星带中，它们的公转轨道基本都是椭圆形，通常不会“越轨”。但也有一些比较靠近地球的近地小行星可能会因为行星们的引力扰动而改变运动轨迹，甚至撞向地球。几乎所有掉入地球大气层的小行星，经过大气层摩擦之后都会发热发光，划过天空时，就是我们所看到的流星。如果这个小行星体积较大，就可能撞击地球形成陨石坑，或是对地球造成更大规模的破坏。

那么，如果一颗巨大的小行星再次撞击地球，会发生什么呢?

山火爆发

小行星以极高的速度撞击地球，瞬间释放出极其巨大的能量，产生的高温足以点燃撞击点附近的易燃物，进而可能引发大规模山火。森林、草原和城市区域可能被火焰吞噬，地球表面呈现出一片焦土景象。撞击过程产生的高温高压会使撞击区域的岩石和土壤中的物质发生剧烈的物理和化学变化，大量硫化物和尘埃会被抛入大气层。这些硫化物和尘埃在大气中扩散，会使空气变得浑浊，并且部分硫化物（如二氧化硫）会与大气中的水蒸气等发生反应，形成酸性物质，导致空气具有酸性。随着时间的推移，这些酸性物质随着降水回到地表，并最终汇入海洋，打破海洋原本的酸碱平衡，对浮游生物、鱼类、藻类等海洋生物的生存造成威胁。

有序的生活被破坏

小行星撞击摧毁了人类的运输系统，电力供应系统也随之崩溃，工业活动陷入停滞，人类社会活动陷入一片混乱。人类的主要目的变成了寻找食物和饮用水，同时努力在恶劣的环境中生存。地球上的植被和庄稼由于没有阳光的照射而枯萎，失去光合作用，生态系统面临崩溃。

⊙ 无法进行光合作用的植物将会走向枯萎

⊙ 地球进入漫长的冰河世纪

地球进入冰河世纪

由于阳光被尘埃遮蔽，地球温度急剧下降，南北两极的冰川向低纬度地区蔓延，地球或许会进入漫长的冰河世纪，全球大部分地区被冰雪覆盖。在缺乏阳光的环境中，菌类成为主要的生命形式之一。它们利用大量动植物遗体作为养分，在地球表面和地下广泛分布。

如今，地球仍然面临小行星撞击的风险，这是毋庸置疑的。但是，从地球的角度来看，承受小天体的撞击是再平常不过的事情了。有数据显示，近几十年来，每天都有数百吨的“天外飞物”进入地球大气层。它们大多是星际尘埃或者流星体，也有一些几米大的小行星。

近年来发生了哪些小行星撞击地球事件?

⊙ 天文科技的发展，能够帮助我们提前预测小行星的运行轨迹

近年来，小行星撞击地球的事件偶有发生，其中几起比较著名的案例包括：1908 年，在西伯利亚北部的通古斯上空，一颗直径 50~60 米的小行星进入地球大气层后发生爆炸，撞击地球的那一刻，方圆 2000 多平方千米的森林被夷为平地，并伴随着巨大的爆炸声。

2013 年，一颗直径约 17 米的小行星在俄罗斯车里雅宾斯克上空爆炸，这场爆炸释放了 40 多万吨炸药当量的能量，约有 30 颗广岛原子弹的威力。

2020 年 12 月 23 日凌晨，一颗疑似近地小行星进入地球大气层，在青海玉树和西藏昌都交界上空爆炸，释放了相当于 9500 吨炸药当量的能量，相当于一枚低当量战略核武器。从其坠落时与大气层剧烈摩擦燃烧的持续时间来看，这颗地外天体原本的尺寸不小。

来自太空中小行星的威胁一直都在。但别害怕，我们地球的大气层有足够的能力抵御这些外太空异物的侵入。而且天文科技也在不断发展，科学家们已经可以测算出绝大多数天体的运行轨迹，并提前很长时间预告某个小行星可能会与地球相撞，以及其造成的危害。这样人类就可以提前进行防范。

我们要相信，有了科学家们的努力，恐龙所经历的“世界末日”不会在人类身上出现，所以，不需要过多地杞人忧天！

如果地球上的冰川全部融化，会发生什么？

格陵兰冰盖是仅次于南极冰盖的世界第二大冰盖。据报道，仅 2022 年 7 月 15 日至 17 日这 3 天，格陵兰岛的冰盖每天消融的冰量已经达到 60 亿吨，足以填满 720 万个奥运会标准规模的游泳池。

世界气象组织预测，全球气候变化所带来的负面影响将持续到 21 世纪 60 年代。一旦格陵兰岛的冰川和雪山全部融化，全球海平面将上升约 7.5 米。然而，这一过程并非短期内完成，而是可能持续数百年甚至更长时间，具体时间取决于未来温室气体排放的规模和全球气温上升的速度。

冰川到底是什么？

冰川是世界上最大的淡水“水库”，我们的母亲河——长江和黄河，都发源于冰川。冰川长期存在于地球寒冷地区，是由常年降雪不断积累形成的具有一定形状的、可自行运动的天然冰体。

冰川存在于极寒之地，比如南北极地区。而其他地区则只有在高海拔的山上才能形成冰川。冰川按照形态和规模可分为大陆冰盖和山岳冰川两种。南北两极的冰川一般是在大陆上发育而成的，被称为大陆冰盖。而其他地区在高山上发育的冰川则被称为山岳冰川。

目前世界上的冰川（盖）总面积约为 1500 万平方千米，覆盖地球陆地面积的 10%，现代冰川面积的 97%、冰量的 99% 为南极大陆和格陵兰岛的两大冰盖所占据。地球冰川的快速消融早已不是什么新鲜话题。曾有专家根据卫星观测数据分析发现，自 20 世纪 60 年代以来，北半球冰雪覆盖面积以每 10 年 1.3% 的速度递减。按照如今全球变暖的趋势发展下去，预计到 21 世纪末，地球冰川面积或将会缩减 40% 以上。

如果有一天，地球冰川全部消融，会发生什么呢？

⊙ 冰川可以说是地球上最大的淡水“水库”

⊙ 如果冰川全部消融，淡水将会随之流失到海洋当中

淡水资源告急

地球的水资源中，约有 96.5% 是海水，陆地咸水占 1%，淡水资源仅占 2.5%。但这些淡水中，大部分以冰川、积雪的形式存在，其余则分布在地下含水层、湖泊、河流和大气中。

如果全球冰川完全融化，大量的淡水将流入海洋，导致地球上的淡水储备大幅减少。尽管冰川融化短期内会增加河流和湖泊的水量，但从长期来看，冰川作为重要的淡水储存库，其消失将导致许多地区面临严重的水资源短缺问题。

随着冰川的消融，地球 80 亿人的饮用水、农田灌溉以及水电系统都将面临严重的水荒问题。

远古病毒重返地球

冰川是地球的天然“时间胶囊”，封存着远古时期的微生物（如细菌和病毒）及化学物质。研究表明，极地冰川中可能保存着数万年前的微生物。尽管这些微生物的宿主大多为远古动植物，且病毒需特定条件才能传播，但其中可能存在尚未被鉴定的古老微生物，其特性与危害难以预测。冰川融化还可能释放重金属（如汞）、甲烷等污染物，或复活耐抗生素的远古细菌，加剧生态危机。

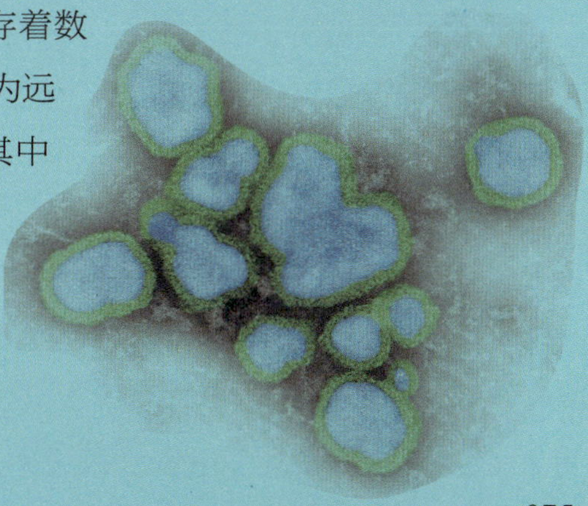

海平面上升

有数据显示，在过去的 100 年间，地球海平面正在以每年 1~2 毫米的速度上升，但从 1992 年开始，这一速度增加到每年 3 毫米，这都“归功于”冰川融化汇入海洋。据预测，如果冰川全部融化，理论上地球海平面将上升 66 米，但该过程需数千年。即使升温控制在 2 摄氏度以内，2100 年海平面仍可能上升 0.5 米，严重威胁沿地区海人口。

物种减少

随着北极冰川不断消融，北极熊的栖息地正在消失，这直接影响了它们的觅食活动。在长途跋涉寻找食物的过程中，它们会消耗大量能量，特别是对于幼崽和年老体弱的北极熊，更伴随着极高的风险。许多北极熊可能因体力不支而溺亡，或无法抵达安全区域，致使幼崽的生存率骤降。一旦冰川全部消融，北极熊也将濒临灭绝。

另一个濒临灭绝的物种是珊瑚 . 冰川融水携带大量淡水注入沿岸海域，可能改变局部盐度与营养物质分布，导致珊瑚死亡。珊瑚礁是海洋生物的重要栖息地和繁殖场所，支撑着约 25% 的海洋生物种类。珊瑚礁的退化直接影响到海洋生物的生存，间接地也会影响到对海洋依存度很高的人类。

⊙ 北极冰川消融会严重危及到北极熊的生存

扰动气候系统

冰川融化不仅加剧气候变暖，还通过多种方式扰动气候系统：白色冰面反射阳光的能力下降（反照率效应），深色海水或裸露的地表吸收更多热量，加速极地升温；格陵兰冰川融水可能干扰北大西洋洋流，导致欧洲极端天气增多；冰川消融后地壳压力减轻，可能诱发阿拉斯加等地的地震活动。

你知道冰川葬礼吗？

2019 年 8 月 18 日，冰岛给国内第一座融化得快要消失的冰川，举办了一场特殊而又隆重的“葬礼”。冰岛百余名科学家、环保人士爬上海拔千米的高地，为这座刚刚消失的冰川默哀，并在它曾经存在的地方留下了一块铜匾，上面写道：“这是第一座痛失冰川地位的冰岛冰川。未来 200 年，我们所有的冰川都将归于同样的宿命。”结尾处除了日期，还标注了当时大气二氧化碳浓度——415 ppm，为全球变暖敲响警钟！

这座消逝的冰川名为“Okjokull”，已有 700 多年的历史。对于冰岛这个拥有 400 多座冰川的国家来说，它并不算特殊，直到它成为冰岛第一座因为全球气候变暖而“死亡”的冰川。1890 年，Okjokull 的面积还有 16 平方千米，但到 2012 年就只剩下 0.7 平方千米。2014 年有专家发现，它的厚度已不足 40 米，无法继续流动，因此宣告了它的“死亡”。

冰川融化正在引起世界各国的关注。幸运的是，总体来看，冰川消融还是一个较为缓慢的过程。我们必须从现在开始关注气候变化问题。新能源汽车、节能电器、可再生能源等的大力推广，也是各国践行保护环境、关注生态气候的重要举措。

如果地球也有行星环，世界将会怎样？

⊙ 被光环围绕的土

如果你有一艘宇宙飞船，它能带你去太阳系的任何一个星球，你会想去哪里？我相信很多人都会选择土星。因为土星周围萦绕着一圈明亮而梦幻的光环，实在让人着迷。

萦绕着土星的这一圈光环就是土星的行星环。1610 年，意大利天文学家伽利略使用他简陋的望远镜观测到土星两侧有像附属物一样的东西，但他并不知道那是土星环。

⊙ 荷兰天文学家惠更斯证实了土星环的存在

直到半个世纪之后，荷兰天文学家惠更斯通过观测证实了土星环的存在。在随后的几百年间，土星环一直是太阳系中最显著的行星环系统。

直到 20 世纪 70~80 年代，天王星、木星、海王星等行星的行星环相继被发现，科学家们才意识到行星环在太阳系中并不罕见。

土星行星环的组成

所谓行星环，指的是由尘埃和小卫星等固态物质组成的围绕行星的盘或环。土星行星环由七个环以及环与环之间叫作环缝的暗区组成。七个环按离土星远近分别称为 D、C、B、A、F、G 和 E 环。D 环内侧几乎延伸到土星大气云层，宽度约为 7500 千米。E 环宽度约为 30 万千米，外侧距离土星中心达 48 万千米。

土星环主要由冰颗粒（包括碎冰块和雪球）组成，同时含有少量尘埃和岩石。关于行星环的起源有三种理论——潮汐理论、凝聚理论、碰撞理论。潮汐理论认为，当卫星漂移到行星附近，被行星的潮汐力瓦解成无数小碎片，绕行星公转，就形成了行星环；凝聚理论则认为，行星环可能是由行星形成时残留下来的原始物质（如尘埃和冰）凝聚而成；碰撞理论认为是小卫星受流星碰撞产生的碎片形成了我们看到的环。

并不是所有的行星都可以拥有行星环。科学家普遍认为，行星环的形成必须满足两个主要条件：首先，行星必须距离其母恒星足够远，使得其表面温度和周围环境温度足够低，同时具备相对稳定的自身活动，以保留足够多的原始时期颗粒；其次，行星质量需要足够大，以产生足够强的引力，使得其洛希极限足够广阔，能够保留并稳定维持大量颗粒物质，从而为行星环的形成提供空间条件。

⊙ 天体之间的距离在洛希极限以内，容易相互吸引而发生碰撞

什么是洛希极限?

我们常说距离产生美，人与人之间要保持一定的距离，宇宙天体之间也是如此。洛希极限指的就是这个安全距离，它代表着两个天体能够保持稳定运行的最短距离。它是由法国天文学家爱德华·洛希提出来的。

天体具有质量就一定会对周围的天体产生引力。当行星和卫星之间的距离保持在洛希极限之外，就可以相对稳定地运行。一旦距离小于洛希极限，较小天体会解体分散。因为洛希极限的存在，很多人会担心地月之间的距离突破洛希极限，使月球解体，但有科学家计算出地月之间的洛希极限约为 1.8 万千米，而地月之间的平均距离约为 38 万千米，远大于洛希极限，所以不需要担忧月球会解体。

假设有一天一颗小行星越过洛希极限，被撕裂成地球的行星环，会发生什么呢?我们的生活会发生哪些变化呢?

拥有壮观的美景

每当我们抬头仰望天空，不再只是看到那片熟悉的蓝色和偶尔飘过的白云，而是多了一条绚丽多彩的行星环。在白天，行星环可能会呈现出淡淡的轮廓，如同给地球戴上了一圈若隐若现的光环。而到了夜晚，行星环则成为夜空中最耀眼的主角。它反射着太阳的光线，散发出柔和而迷人的光芒，将整个地球照耀得如同梦幻的仙境。不同颜色的碎片在夜空中闪烁，仿佛是宇宙中散落的宝石，让人陶醉其中。

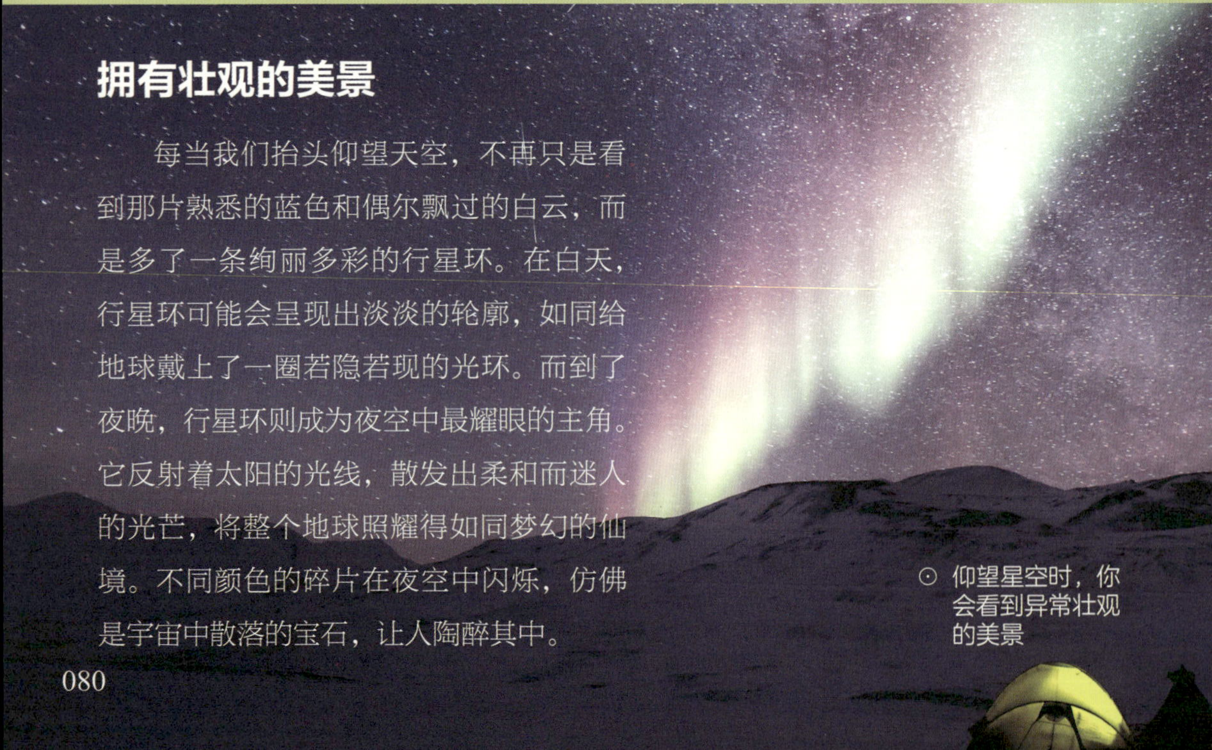

⊙ 仰望星空时，你会看到异常壮观的美景

对天文观测有深远影响

地球行星环的出现，对于天文学研究来说，无疑是一场革命性的变革。天文学家们将拥有一个绝佳的“天然实验室”，能够近距离地研究行星环的形成、演化和动力学特性。此外，行星环还会对地球周围的空间环境产生影响。它会散射和吸收一部分太阳光，从而改变地球接收到的太阳辐射量。这可能会导致地球的气候发生微妙的变化，例如气温波动、降水分布的改变等。

⊙ 拥有行星环的地球或许能带给你更新奇的视觉感受

潜在的危险与挑战

然而，美丽的背后往往隐藏着危险。地球行星环虽然给我们带来了视觉上的享受和科学研究的机遇，但同时也带来了一些潜在的风险。行星环中的碎片可能会受到地球引力、太阳辐射压以及其他天体引力的影响，导致它们的轨道发生变化。一些较大的碎片有可能会脱离行星环，进入地球的大气层。

如果太阳“熄火”了，地球真要去流浪吗？

每当清晨的第一缕薄如蝉翼的阳光照进房间，清新的空气扑面而来，顿时唤醒了惺忪的睡眼，美好的一天便开始了！

太阳和水一样都是生命之源，太阳是太阳系中唯一一颗自主发光的恒星。对于地球生物，特别是人类而言，太阳是维持生命活动必不可少的条件。

而在电影《流浪地球》系列中，却描绘了一个可怕的场景。这颗为地球提供光明和温暖，为地球生命提供能量的太阳，耗尽了它的氢燃料，即将发生“氦闪”。根据电影设定，氦闪会引发太阳剧烈膨胀，吞噬地球。为了逃离被毁灭的厄运，地球踏上了流浪之路。

太阳是如何发光的?

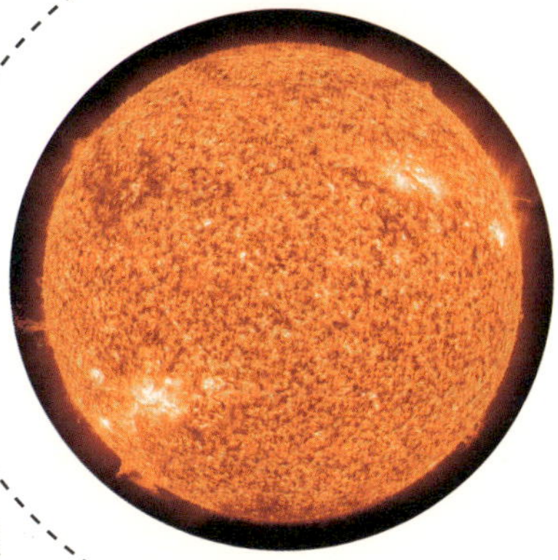

太阳形成于一团巨大的星云中，星云里充斥着大量的氢和氦。星云在自身引力作用下坍缩，平衡被打破，开始在自身引力的作用下向中心收缩。星云越缩越小，中心则变得越来越热，高温使得核心处的气体发生电离。随着收缩过程的加剧，当太阳核心温度和压强升高到临界条件时，氢原子核（质子）通过质子－质子链反应聚变为氦原子核。反应过程会释放大量的能量，以辐射和对流的形式向外层传递，并产生由内向外的巨大压强，和引力收缩的力形成平衡，持续发热发光的太阳便诞生了。

我们从地球上看太阳，常把它描述为一个燃烧的火球，这是因为太阳内部一直不断发生着“热核反应”。而热核反应的主要原料就是氢元素。对于太阳来说，氢质量占总质量的71%。太阳就像一个巨型的核聚变反应堆，太阳核心的氢原子核在高温高压情况下聚变成氦原子核，同时产生大量的热量。

宇宙中没有任何一个星球可以永远存在，恒星也有自己的寿命。太阳是一颗黄矮星，而黄矮星的平均寿命是100亿年，太阳如今已经存活了差不多46亿年，也就是说太阳目前处在“中年期”，再过50多亿年，太阳也会“熄火”。

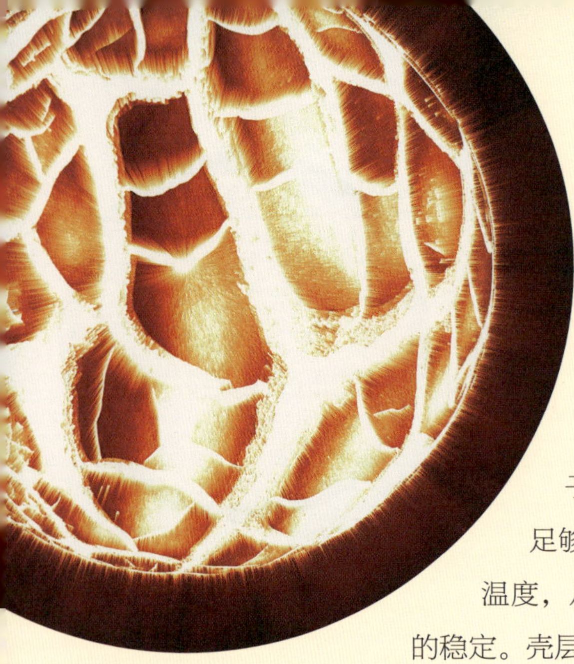

⊙《流浪地球》中提到的“氦闪”会释放出巨大的能量

但太阳的“熄火”也不是一蹴而就的，它会经历一系列复杂的变化。当太阳核心的氢燃料耗尽时，它将无法产生足够的能量和向外的扩张力来对抗自身重力导致的坍缩。太阳的外层将继续向内收缩，只是这种收缩产生的热量还不足以使核心的氦原子核发生更进一步的核聚变反应。但是，却足够使留存在氦核外围的氢原子壳层达到更高的温度，从而发生核聚变，进而产生热量来维持太阳的稳定。壳层氢的核聚变反应要比此前的核心核反应更加剧烈，产生更多的光和热，这一时期的太阳将会显得特别明亮灼热。而这股热量也会造成太阳外层的体积不断膨胀，其表面温度也随之下降，发展成一颗又大又冷的红巨星。而红巨星相当于恒星的“老年状态”。

什么是氦闪?

当类似太阳的恒星核心氢燃料耗尽后，核心会坍缩并升温，此时残留的氦核处于电子简并态（一种由量子效应主导的高密度状态，其压力与温度无关）。在简并态下，氦核被“点燃”时会发生失控的核聚变反应——氦闪。这一过程仅持续数分钟到数小时，却能释放出相当于太阳约 10 万年辐射总和的能量，将大量氦转化为碳。这种现象正是电影《流浪地球》中提到的“氦闪”。

氦闪发生后，恒星进入稳定的氦燃烧阶段，外层气体逐渐膨胀形成红巨星。因体积巨大，其光度反而显著增强（可达太阳的数千倍）。恒星通过多次热脉动抛射外层物质，最终形成行星状星云，核心则坍缩为白矮星。随后其热量通过辐射缓慢消散，逐渐冷却成暗弱的黑矮星。此时的恒星核心不再发生核反应，成为一颗致密的黑暗残骸。

那么，太阳“氦闪”之后，地球会发生什么？真的需要流浪吗？

地球末日到来

当太阳进入红巨星阶段后，其核心的氢耗尽导致光度大幅增强，地球接收的辐射能量将远超当前水平。此时地球表面温度将持续升高，液态水逐渐蒸发，最终所有海洋沸腾消失。大气中的水蒸气在太阳紫外线辐射下分解为氢和氧，这些轻气体将逐步逃逸至太空。红巨星阶段的太阳半径将膨胀至约 1 天文单位（AU），直接吞没水星和金星的轨道。地球是否被吞噬取决于红巨星外层膨胀的不确定性，但即使未被吞没，地表温度也将超过 1200 摄氏度，岩石熔融为岩浆，大气完全散失。最终，地球将彻底沦为宇宙中一颗无生命、无气息的熔岩残骸，在寂静的深空里与太阳的余烬一同缓慢冷却，直至所有文明与存在的印记皆湮灭于时空长河。

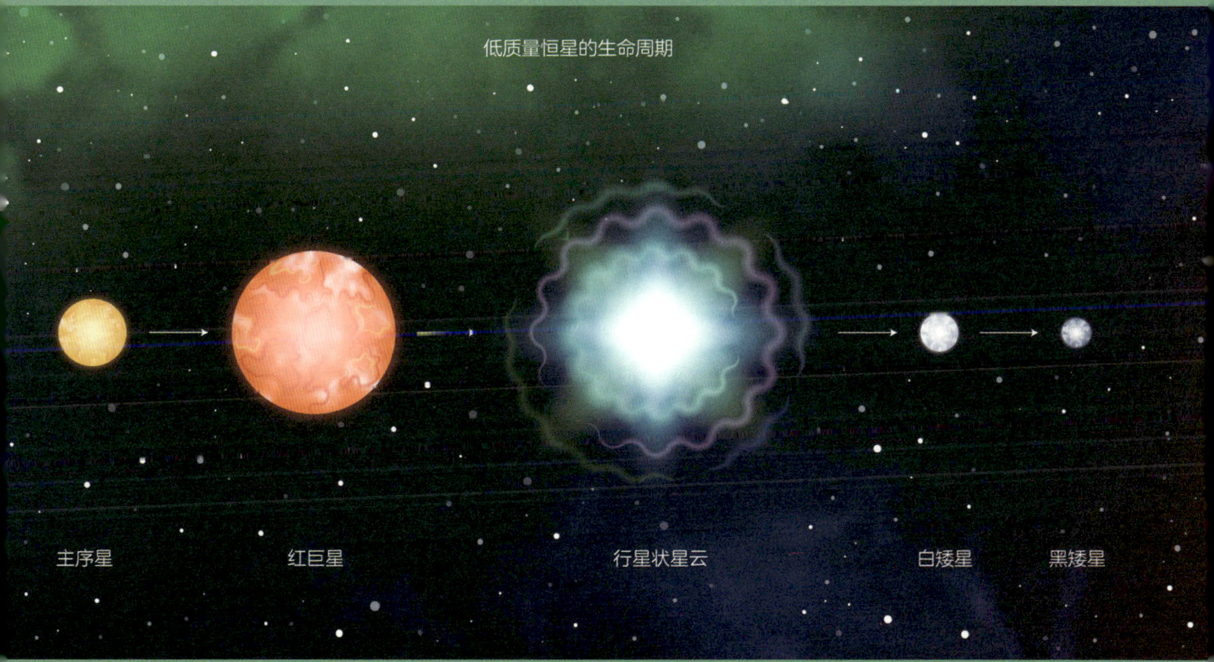

⊙ 如果太阳真的休眠了，人类或许只能移民到其他星球

寻找新家园

或许，人类真有可能迫不得已，像《流浪地球》所描述的那样，为地球建造巨大的“行星发动机”，开启太空流浪之旅。当然，人类也有可能抛弃地球，乘坐宇宙飞船等太空交通工具移居到新的星球上。

不过，距离太阳熄灭还有 50 多亿年，所以我们也不用过于担心。科学家们在不断寻找适宜人类居住的星球，我们现在能做的就是不断发展科技，让人类在面对风险时可以有更强的抵御能力。

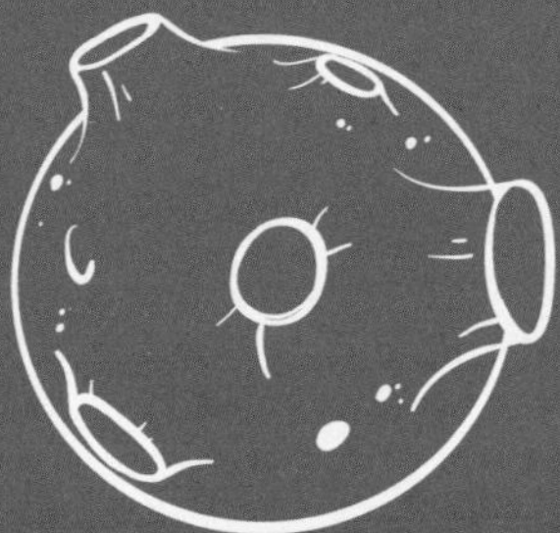

Part 2 如果你跳进一个黑洞里，会发生什么？

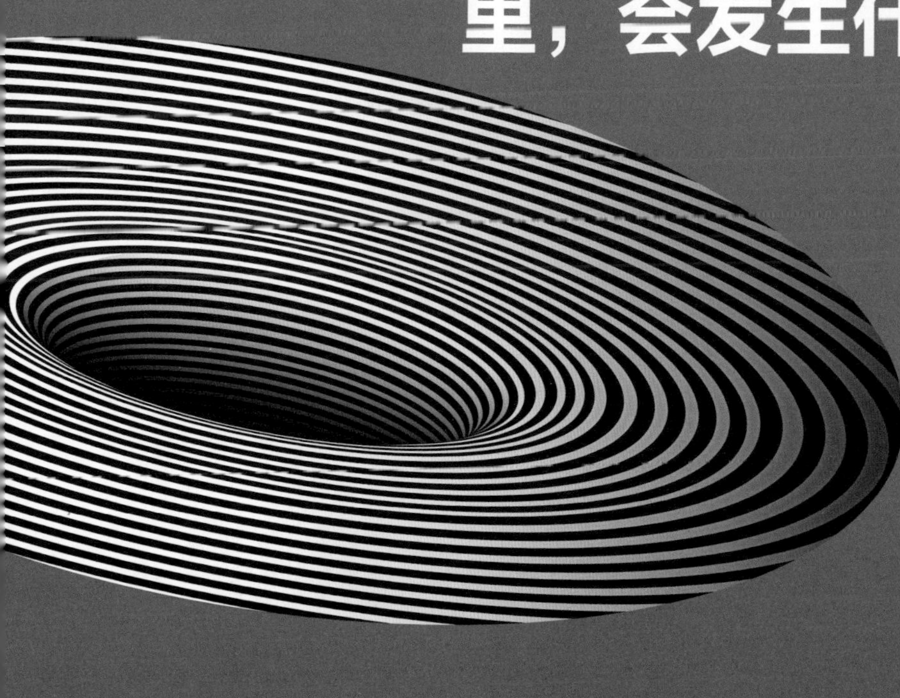

如果在太空中不穿航天服，会发生什么？

从第一个从树上下来的猿人，到第一个学会用火的祖先，再到敢于尝百草的神农……人类对于未知的事物一直充满好奇，探索从未停止。

随着人类文明的发展，特别是天文望远镜发明之后，人类探索的步伐便不止于周遭的一切，而是将目光投向了浩瀚的宇宙空间，甚至派宇航员去往外太空探索其他星球的奥秘。为了实现这一探索，人类发明了探测器、运载火箭等一系列装备。而航天服则是实现太空行走最关键的装备。

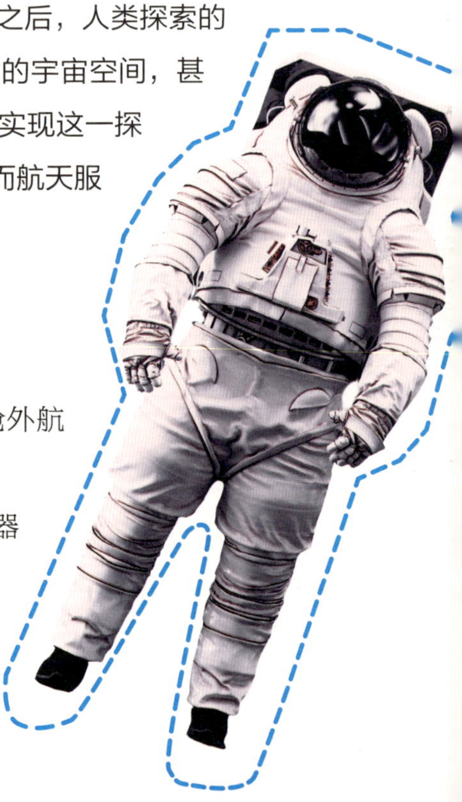

什么是航天服？它有什么作用？

航天服一般按照用途可以分为舱内航天服和舱外航天服两种。

舱内航天服，顾名思义，是宇航员在载人航天器舱内穿着的。一般在航天器发射或者返回时穿着维持应急压力。舱内航天服一般储备着大量的氧气，一旦航天器舱内发生漏气、减压，能够快速释放

⊙ 在太空中，宇航员要面对真空环境、极端温度、各种辐射等危险情况

氧气保护宇航员。

舱外航天服则是宇航员在进行航天器外活动时穿着的。舱外航天服不只是一件衣服那么简单，它相当于一艘小型的太空船，是保证宇航员进行太空活动的必备密闭装备。舱外航天服一般由10~20层复合材料构成，能够抵御太空的真空环境、极端温度、辐射等因素给身体造成的危害。

一般来说，舱外航天服需要具备六大功能：维持宇航员体温、保持压力平衡、阻挡太空辐射、处理宇航员的排泄物、提供氧气和过滤二氧化碳、抵挡太空尘埃和微流星体的冲击。

航天服可以说是这个世界上最贵的衣服，单是成本就高达上百万甚至上亿美元。舱内航天服的重量大约在10~20千克，而舱外的航天服则要120千克以上。

航天服如此昂贵又如此笨重，有人可能会好奇，如果人不穿航天服，直接进入太空，会发生什么呢?

宇宙是一个非常复杂而恶劣的环境，对于太空探索来说，充满了各种挑战。比如温度极高且酸云密布的金星、飓风暴肆虐的木星、拥有太阳系最快风速的海王星、极其寒冷的冥王星，还有昼夜温差高达254摄氏度，以及大气中充斥着硫化氢气体，散发着臭鸡蛋气味的木星卫星木卫一……如此恶劣的太空环境，如果不穿航天服进入其中，后果可想而知。

缺氧而死

首先，最致命的便是缺氧。太空是一个高真空的环境，氧气微乎其微，一旦暴露在其中，无法获得足够维持呼吸的氧气，人便会因为缺氧窒息而死。

真空环境

这时，你可能会说："我憋住气不呼吸就好啦。"千万不要憋气！因为暴露在高真空的环境中，人体内外会形成压力差，这个压力差本不足以引起爆炸。但此时如果肺中充满了空气，会增大这种压力差。为了减压会发生肺部爆炸，导致肺泡破裂。这就跟一些深海鱼被捞出水面之后，身体里的鱼鳔会因为压力降低而膨胀爆裂一样。

低压的环境还可能造成血液沸腾，这一点在科学界有一定的分歧。支持这一观点的人认为，液体的沸点会随着压强的降低而降低。在高真空环境中，人体的体温就足以让血液沸腾。

而反对这一观点的人则认为，血液循环系统是一个闭环，而且由心脏跳动提供稳定血压，在高真空环境中，血液可能会受到影响，但不至于煮沸。还有观点认为，所谓的"血液沸腾"实际上是体液中的气体（如氮气）在低压环境下形成气泡所导致的现象。

1965 年，在美国的一次真空实验中，就出现过航天服泄漏的问题，宇航员事后回忆自己当时的感受时提到，他感到舌尖的体液在"沸腾"。

为什么航天服是白色的?

宇航员穿着的航天服之所以是白色的，原因有两个：一是白色能够最大程度地让宇航员保持凉爽。我们都知道，在炎炎夏日，穿白色衣服要比穿黑色衣服凉爽很多。这是因为深颜色对太阳光的吸收能力较强，能够将光能转化为热能，而白色能够把大部分阳光反射出去。二是白色在深空背景下会更加显眼。当宇航员穿着航天服在航天器外作业时，其他宇航员可以更清晰地看到他们。

⊙ 身穿白色航天服的宇航员正在太空外工作

宇宙辐射

除了真空和缺氧，辐射同样是不可承受之重。太空中的各种辐射没有经过地球大气层的反射和吸收，直接投射向你的身体表面，单单是紫外线辐射就可以达到地球表面水平的数百倍甚至更高。同时，宇宙射线中的高能粒子穿透细胞，会造成不可逆的 DNA 断裂。

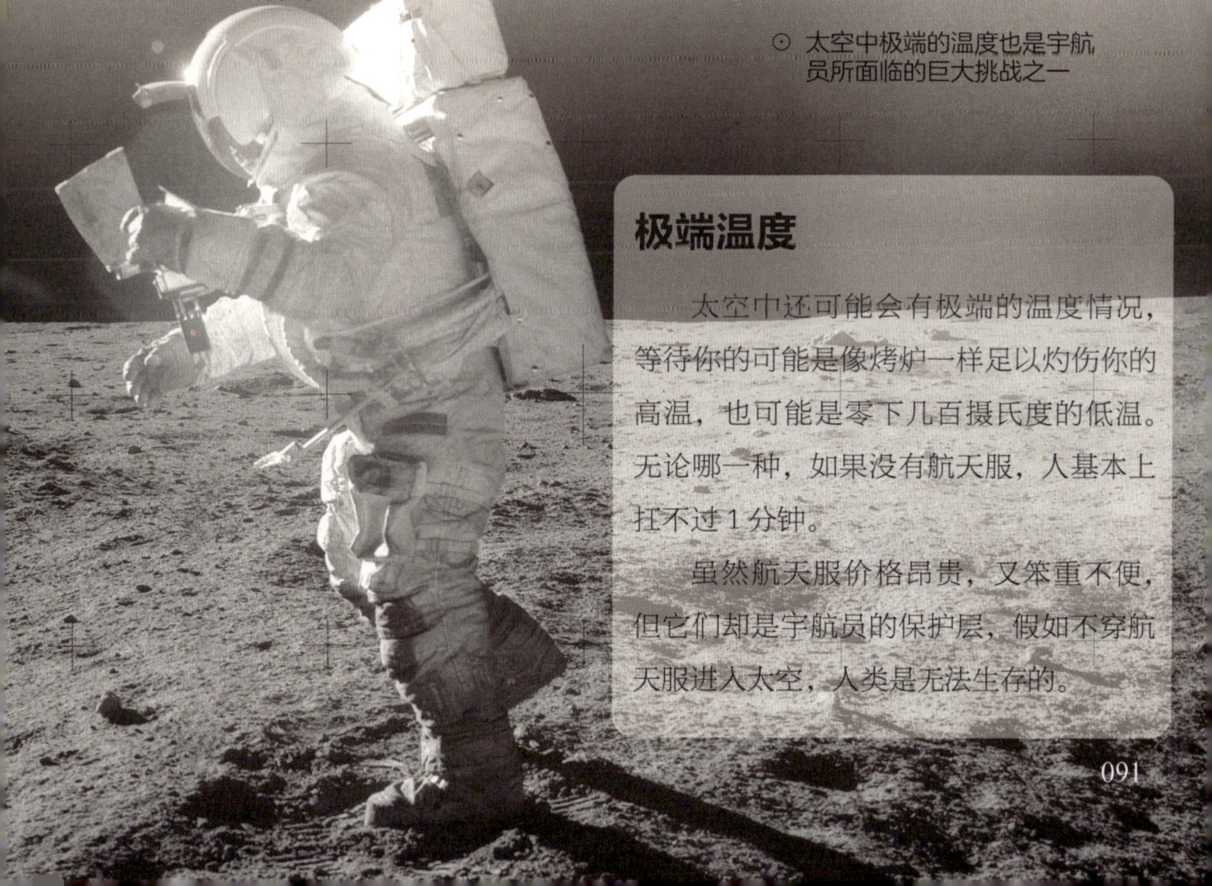

⊙ 太空中极端的温度也是宇航员所面临的巨大挑战之一

极端温度

太空中还可能会有极端的温度情况，等待你的可能是像烤炉一样足以灼伤你的高温，也可能是零下几百摄氏度的低温。无论哪一种，如果没有航天服，人基本上扛不过 1 分钟。

虽然航天服价格昂贵，又笨重不便，但它们却是宇航员的保护层，假如不穿航天服进入太空，人类是无法生存的。

如果忽然间失去了月亮，会发生什么？

“明月几时有，把酒问青天”“海上生明月，天涯共此时”“举杯邀明月，对影成三人”……月球对我们来说，不仅仅是一颗星球，它还是很多人的情感寄托。爱情、亲情、失意、乡愁……不只是国内，国外很多诗人也用月亮倾诉深情。夏目漱石用“今晚月色真美”代替“我爱你”，莫泊桑也用半轮斜挂的下弦月描绘了无生气的生活……

月球，一个孤独的前行者，在离地球约 38.4 万千米的轨道上，运转了约 45 亿年之久。它见证了地球从一片荒芜变得生机盎然的过程。

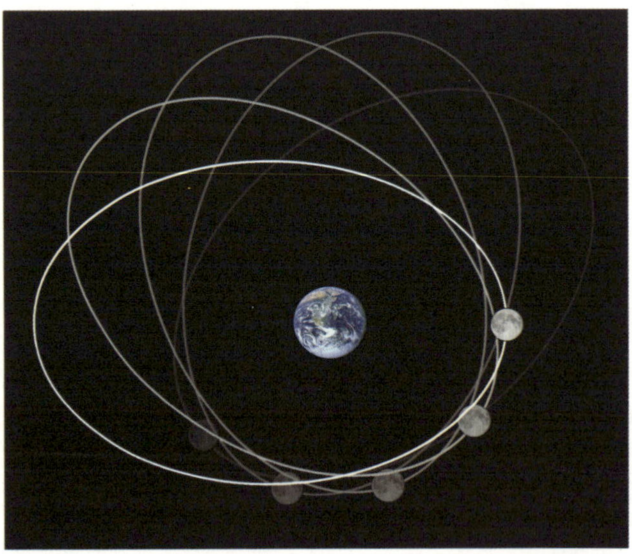

月球是如何形成的？

关于月球的起源，科学家们提出了很多假说，其中最受认可的就是“大碰撞说”。地球形成于约 45 亿年前，在地球形成之初是没有月球陪伴的。那个时期的地球也被称作冥古宙，地球环境如炼狱一般，温度高得难以想象，自转速度也相当惊人，大约是现在的 3 倍。

直到一颗行星忒伊亚的出现，才改变了地球的命运。忒伊亚与原始地球发生猛烈

碰撞，地球表面部分熔岩地壳被撞成碎片飞散到太空，其中有一部分留在地球轨道上形成了环状物质盘，经过数百万年聚集，最终形成月球。

⊙ 从忒伊亚撞击地球到月球形成

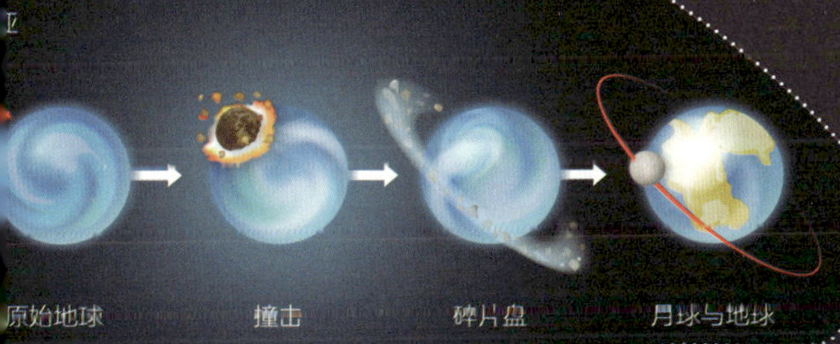

月球形成之初离地球只有2.5万~3万千米，与地球之间的引力也比现在强得多。那个时候如果站在地球上看月球，它的视直径大约是现在的10~15倍，几乎给人一种“手可摘星辰”的感觉。

后来随着地球的自转，月球“偷取”了地球的一些自转能量，将自己的运行轨道逐渐推高，与地球的距离越来越远。即使现在，月球也在逐渐远离我们，而且远离的速度越来越快。

有科学家发现，如今月球正在以每年3.8厘米的速度远离地球，而这个速度在过去只有每年2厘米左右。也就是说，如果这种远离的趋势持续下去，总有一天，也许我们会失去月球。那么，如果失去月球，我们的世界会变成什么样子呢？

⊙ 月球消失之后，大海的潮汐会受到严重的影响

潮涨减弱

最直接的影响就是地球的潮汐现象。“涛之起也，随月盛衰”，地球与月球之间的引力相互作用，导致了海水的周期性涨落。随着地球的自转，地球上不同的地点由于与月球距离的变化，使海水受到不同程度的引力作用，离月球近的地方，海水会被拉起，也就是我们所说的涨潮，反之则为落潮。

月球正常运转时，海水每天会经历两次潮涨潮落。一旦失去月球，潮汐的幅度会减小约 2/3，这对海洋生态系统将是毁灭性的打击。一些陆地或海洋生物的繁殖和生存周期与月亮的圆缺变化密切相关。例如，生活在山区洞穴的红蟹，每年都是在 10 月到 12 月的月圆时刻，成群结队地迁徙到海岸边产卵。一旦没有了月球，这些生物将失去繁殖的触发机制，可能很快灭绝。

还有那些生活在潮汐区的生物，如螃蟹、贻贝，以及依赖它们为食的生物，它们的生命都会受到威胁，整个海洋生态系统将遭到破坏。地球的海洋可能会变得一片死寂。

⊙ 月球消失会破坏海洋生态系统，潮汐区的海洋生物更是岌岌可危

不仅如此，海洋潮汐还在人类的生产活动当中扮演重要角色，比如航运、发电、渔业等。失去月球，这些活动都将受到影响。

气候异常

月球的存在还默默守护着地球的气候。因为潮汐作用有助于将寒冷的北极冰川水与热带地区的暖水混合，起到稳定气候的作用。一旦月球消失，全球的气候都会出现异常。

我们都知道，地球的自转轴有一个 23.5 度的倾斜角度，这被称为黄赤交角。这一倾斜角度使得地球在公转过程中产生四季变化。月球的存在对地球自转轴的稳定性起到了重要作用。如果失去月球，地轴的倾斜角度可能在 10 度到 45 度间周期性摆动，导致全球气候和生态系统发生剧烈波动。

为什么会有超级月亮?

所谓超级月亮，就是在地球上观测，月球在某个时刻看上去巨大。近年来，观赏超级月亮成为很多天文爱好者的一大兴趣。为什么月亮在某些时候看起来会非常大呢?

这是因为月球绕地球公转的轨道是椭圆的，也就是说月球在公转的过程中，距离地球时远时近。当月球移动到距离地球最近的点时，也就是近地点，地月距离约为 35.6 万千米；而移动到距离地球最远的点时，也就是远地点，地月距离约为 40.6 万千米，二者相差约 10.8%，位于近地点的月球看起来要比平时大 14%，亮度高 30%。

不仅如此，超级月亮其实并不罕见，平均每约 29.53 天，月球就会移动到近地点。每当月球移到近地点，而且月相处在醒目的阶段，比如新月或是满月时，月球看起来更亮更大，这就是超级月亮出现的原因。“超级月亮”并不是罕见天象，一年少则一两次，多则三四次。

一旦失去地球，人类或许将不得不离开地球，去外太空流浪。地球一刻都不能离开月球。此时若是晚上，不妨怀着感恩和敬畏之心抬头看看天空中的那轮明月吧。

如果你跳进一个黑洞里，会发生什么？

在科幻电影《星际穿越》中，男主角库珀被一个质量巨大的黑洞——卡冈图雅的潮汐力吸入其中，他驾驶的飞船被瓦解。然而，库珀并未被黑洞彻底吞噬，而是奇迹般地跳入了五维空间，还利用引力影响手表的秒针，将黑洞的数据通过莫尔斯电码的方式传递给女儿墨菲。

关于黑洞的科幻电影、书籍有很多。人类总是对那些未知的、黑暗的、可能致命的事物既恐惧又好奇。

神秘的黑洞究竟是什么？

首先，黑洞并不是一个“洞”，而是浩瀚宇宙中的一个天体。它的形状跟其他天体差别不大，如果一定要说它与其他天体的区别，那就是它不发光。

黑洞是由大质量恒星的核心坍缩后形成的，是一个密度极高的天体。它的引力极其强大，甚至连光都无法逃脱。所有靠近黑洞的光线都会被它吞噬，这也就解释了为什么它不像其他天体那样可以发光。在浩瀚的星河中，它像一个巨大的黑暗洞穴，吞噬着周遭的一切，“黑洞”之名由此而来。

⊙ 黑洞并不是空空如也，而是充斥着大量的物质

很多人将黑洞想象成宇宙中的“贪吃蛇”，四处游走，吞噬着一切。然而，这种描述并不准确。简单地说，黑洞其实就是一个质量足够大的恒星被压缩后的产物，它并不是一个空空如也的空间，而是充斥着大量的物质。这些物质被极度扭曲，被压缩进了一个极小的点，这个点被称为“奇点”。

黑洞的周围被事件视界包围，事件视界是黑洞引力的临界边界，也是黑洞的“杀伤力范围”。一旦进入事件视界，任何物质都无法逃脱黑洞的引力，包括光。潮汐力的强度取决于与黑洞中心的距离：对于恒星质量黑洞，物体在到达事件视界前就会被撕裂；而超大质量黑洞的事件视界范围极大，潮汐力在此边界处可能较弱。任何落入黑洞的物质都会被挤压到黑洞的核心——奇点。在经典物理框架中，奇点被认为是密度无限大、体积无限小的点。

那么，如果你不小心掉入了黑洞，就像《星际穿越》中的男主角一般，会发生什么呢？假设你是双脚向下落入黑洞，此时，你会发现，脚部受到的引力显著强于头部。巨大的压力差，会将你的身体越拉越长，越挤越细，就像一根被拉伸的意大利面条。在黑洞恐怖的潮汐力作用下，你的身体会被撕裂成若干细碎的肉丝，然而，这还不是终点，肉丝在引力的作用下不断摩擦、碰撞，最终被分解成一股亚原子粒子流，落入黑洞的奇点。

那有没有一种可能，人会“完整”地进入黑洞呢？答案是：有可能。但这取决于黑洞的质量。黑洞质量越大，事件视界的潮汐力就越小。对于几倍或几十倍太阳质量的黑洞，其事件视界附近的潮汐力极大，可以将人在落入的一瞬间就撕碎。然而，对于几百万倍太阳质量的黑洞，你可能会“完整”地落入其中。

但无论是被撕碎了落入还是完整地落入黑洞，结果都是一样的：你将永远被困在奇点之中，无法逃脱。想要从黑洞中逃脱，唯一的可能就是以超光速逃离。然而，根据我们目前对宇宙的认知，没有任何物质或信息能够做到这一点。

宇宙究竟有多少黑洞?

宇宙中有多少黑洞，这是现代天体物理学和宇宙学领域都想迫切解决的问题。2022 年，意大利国际高等研究院（SISSA）等机构的科学家给出了答案。他们利用最先进的恒星和双星演化算法，并结合单个星系的物理性质（如恒星形成率、星际介质的金属含量等），对可观测宇宙中的黑洞数量进行了统计和计算。研究表明，目前可以观测到的宇宙中的黑洞数量约为 4000 亿亿个。

尽管科学家们对黑洞的数量有了初步的估算，但黑洞的核心——奇点仍然是一个充满未知的领域。在经典物理学中，奇点被描述为密度无限大、体积无限小的点，但在量子理论中，奇点甚至可能不存在。

黑洞的深处究竟隐藏着什么？或许那里是时间穿梭的大门，通向另一个宇宙；或许那里是无尽的黑暗，将你永远孤立在寂静之中。没有人知道奇点的真相，因为任何进入黑洞的物质都无法返回，也无法传递信息。

⊙ 根据科学推测，宇宙中的黑洞大约有 4000 亿亿个

⊙ 宇宙中的黑洞会吸收周围的物质来壮大自己

目前TON 618是目前已知宇宙中质量最大的黑洞之一，它的质量相当于660亿倍太阳质量，事件视界直径相当于太阳到海王星轨道的4000倍。宇宙中的超大质量黑洞会不断地吸收周围的物质来壮大自己，几乎可以永恒存在。随着望远镜技术的进步，更多超大黑洞可能被发现，刷新人类对宇宙的认知。在宇宙遥远的未来，随着宇宙加速膨胀，恒星可能会逐渐消亡，而黑洞却可能成为最后的幸存者。

对于黑洞，还有很多奥秘等待着我们一代又一代人去研究，或许有一天，等我们有能力研究清楚黑洞，我们就可以真正地实现星际穿越！

科学，还有很长的路要走！

如果我们所有的人类都搬到火星，会怎样？

地球人应该如何在火星上生存？由马特·达蒙主演的科幻片《火星救援》给出了答案。

在执行一项载人登陆火星的探测任务时，男主角马克因意外被留在火星上。面对火星风暴摧毁着陆舱、生存物资严重不足的绝境，马克展现了人类在极端环境下的智慧和韧性。他最终被队友拯救，平安返回地球。

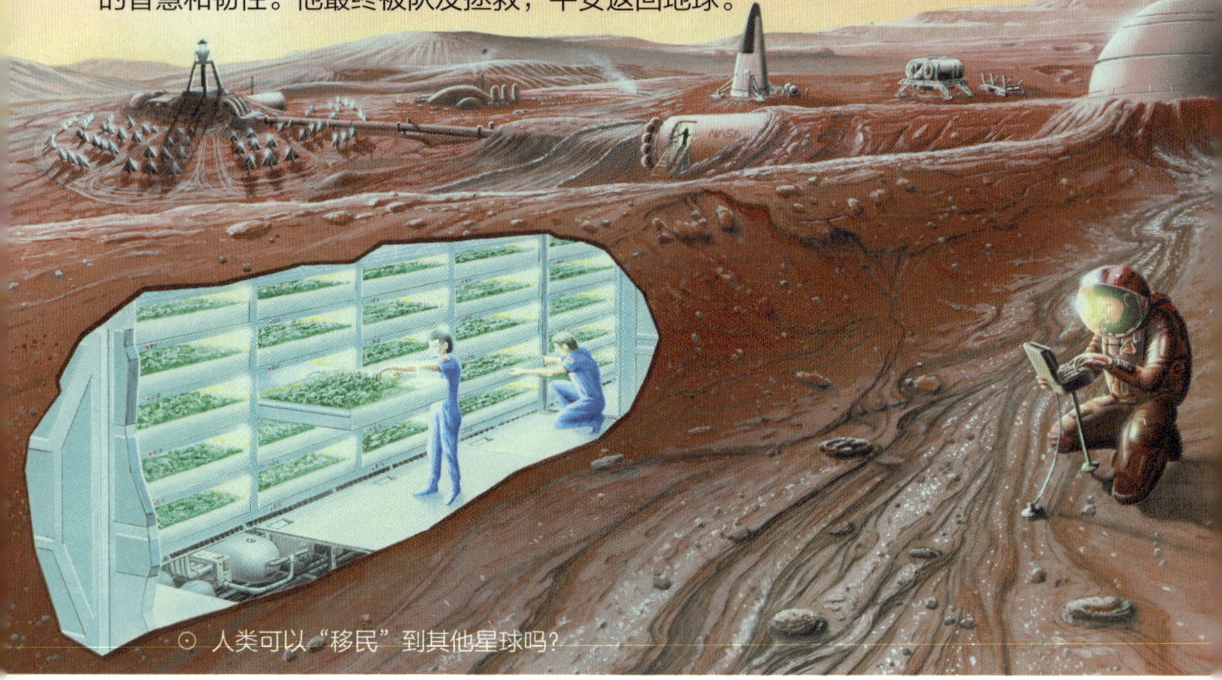

⊙ 人类可以"移民"到其他星球吗？

认识火星

火星，这颗以罗马战神"马尔斯"命名的红色星球，自古以来就吸引着人类的关注。在中国古代，火星被称为"荧惑星"，寓意"荧荧火光，离离乱惑"，象征着神秘与变化。这颗星球不仅是太阳系中四颗类地行星之一，更因其与地球的诸多相似特征，被科学家称为地球的"姊妹星"。

太阳系由内往外数第四颗行星就是火星，其赤道直径约为地球的 53%，质量约为地球的 10%。它的平均自转周期为 24 小时 39 分 35 秒，与地球的自转周期（24 小时）非常接近。火星公转周期为 687 个地球日，相当于 1.88 个地球年。火星有两颗天然卫星——火卫一和火卫二，两颗卫星的质量和体积都非常小，火卫二的平均直径仅有 11.5 千米。

⊙ 火星和地球有一些相似之处，所以也被称为地球的『姊妹星』

火星是颗“沙漠行星”，除了南北两极是白色冰盖外，表面被沙丘和砾石覆盖。它的大气密度大约只有地球的 1%，主要成分是二氧化碳。火星表面平均温度较低，只有零下 63 摄氏度，而且火星表面温差巨大，接受太阳照射的地方，近日点和远日点的温度相差接近 160 摄氏度。火星与地球一样也有四季变化，但每个季节的时间都很长，大约是地球的 2 倍，且因轨道离心率较大而导致南北半球的季节差异更显著。

人类从未停止对火星的探索。2020 年，中国首个火星探测器“天问一号”在长征五号遥四运载火箭的托举下，从文昌航天发射场发射升空，标志着中国向火星探索迈出了重要一步。与此同时，美国国家航空航天局（NASA）也宣布将在 2030 年执行载人登陆火星任务，拟采用原位资源利用技术建造居住设施。

如果所有人类都搬到火星上，会面临什么呢？

⊙ 随着科技的发展，人类有能力在火星上建造城市

辐射问题

如果人类搬到火星上生活，首先需要解决的就是辐射问题。火星不像地球这般有磁场保护，它的表面受到宇宙射线和太阳辐射的强度是地球的50~100倍。人类必须生活在屏蔽辐射的设施中。不仅如此，火星土壤里还含有对人体有毒的化学物质，会对人体造成伤害。

氧气问题

还有就是关系到人类生存的氧气问题。火星大气层非常稀薄，科学家发现，火星的春季、夏季，空气中的氧气含量会明显增加，增幅甚至达到30%。等到秋季，氧气含量开始下降，空气中的二氧化碳含量高达95%，氧气含量只有0.16%，与地球大气组成差异巨大。人类想要在火星上生存，必须随身携带氧气补给设备或通过技术手段制造氧气。

食物问题

接下来，需要解决食物问题。马特·达蒙在《火星救援》中自己种土豆，但事实上，由于太阳风和宇宙射线的辐射，火星土壤较为贫瘠，而且缺乏微生物，地球上的植物将无法直接在这样的土壤中生长，必须种植在特殊的容器中。

虽然火星的昼夜周期约为24小时，但由于距离太阳较远，接收到的太阳光强度远低于地球，所以能在火星上种植的农作物会与地球上的大不相同。

⊙ 由于火星的土壤较为贫瘠，所以无法直接种植植物

⊙ 巨大的温差成为人类“移居”火星的巨大挑战

温度问题

虽然和地球一样，火星也有一年四季变化，但由于只拥有相当于地球 1% 的大气层，火星表面无法保持适宜的温度。当火星进入冬季，气温可能会降低到零下 100 摄氏度以下。而夏季即使在赤道上，等到太阳落山之后，温度也会降到零度以下。人类想要在火星上生存，就得克服巨大温度差异带来的挑战。

地球和火星有时差吗？

既然要搬到火星上居住，那问题来了，火星的一天一夜和地球一样都是 24 小时吗？回答这个问题之前需要知道的是，任何星球的一天都是以自转一周的时间为准。以地球上对时间的定义为基准，地球的一天是 24 小时，火星的一天则是 24 小时 39 分 35 秒，也就是说火星的一大要比地球的一天长约 40 分钟，即每 36 个火星日将累积约 24 小时时差。

如果想在火星上过 24 小时制，那么火星上定义的“1 秒”应该比地球秒长 2.7%。

⊙ 火星上缺乏足够的地表水，很难满足人的饮用水需求

水源

前面提到了氧气、辐射，接下来需要解决的问题就是人类一直想要在火星上探寻的“水源”。火星上的水源实在太珍贵了，虽然科学家发现数十亿年前火星上曾经有丰富的水资源，汇聚形成了池塘、湖泊和海洋，但如今的火星上并没有可用水资源的痕迹。

已有许多直接和间接证据证明火星表面曾经有液态水存在。大约 30%~50% 的水分可能被封存在地下含水冰的土壤层中。缺乏地表水，无疑给人类火星求生带来极大的挑战。

⊙ 火星

⊙ 地球

重力问题

火星上的重力约是地球的三分之一，人类不仅需要适应在低重力环境下生活，而且长期处在低重力环境中还会造成人体骨质疏松，身体肌肉也会萎缩。好消息是，在适应了火星的低重力环境之后，人类的身高会普遍增高，或许能长出梦寐以求的大长腿！

载人登陆火星已经是全人类的共同梦想。诚然，人类探索火星的道路将充满挑战，但正是这种敢于挑战和冒险的精神，才促使了人类社会蓬勃发展。

如果发现了外星生物，会发生什么？

从小到大，我们或多或少都听说过一些“世界未解之谜”，比如百慕大三角、51 区等，几乎都和神秘的外星人有关。无数的科幻影视作品，从《星球大战》《星际迷航》到《疯狂的外星人》，都对外星生命津津乐道。浩瀚宇宙的无边让人难以想象，而我们探索过的区域只是沧海一粟。当我们望向星空时，你是否想过宇宙中还有别的生命存在？人类是孤独的吗？是否还有系外生命存在呢？这些外星生物又长什么样子呢？是像《阿凡达》那般高大，还是像《异形》那般恐怖？如果有一天外星生物到访地球，或是我们在星际探索中与外星人相遇，是会成为好朋友，还是会爆发星际战争呢？

费米悖论

科学家们对于外星文明的思考和探索一直不曾停止过。20 世纪 50 年代，物理学家费米提出著名疑问：“Where the hell are they（他们在哪儿呢）？”这一疑问后来被称为“费米悖论”。

所谓费米悖论，是关于外星人是否存在的一个科学悖论。一方面根据宇宙的尺度和年龄推测，肯定了高等外星生物的存在，另一方面发出疑问，如果外星人真的存在，为什么到目前为止，人类没有发现他们存在的痕迹呢？

⊙ 1938 年诺贝尔物理学奖得主、美籍意大利裔著名物理学家恩利克·费米

我们正处于宇宙行星的大发现时代，开普勒望远镜以及其他空间望远镜让系外行星的发现成为可能。目前，人们已经发现的系外行星总数约有 5000 颗，而据科学家推测，银河系中可能存在数千亿至数万亿颗行星。我们所在的地球只是其中再普通不过的一颗。即使系外生物在这些行星中出现的几率微乎其微，以银河系庞大的行星基数来说，也应该有相当数量的系外生命存在。

文明的特征之一便是向外探索和开拓，就像人类文明一样，我们不断探索地球及地球以外的宇宙，但是并没有发现外星生命的存在。

地球生命的形成离不开大气。科学家在探索外星生命的过程中最先做的也是研究系外行星的大气，寻找生命存在的证据。

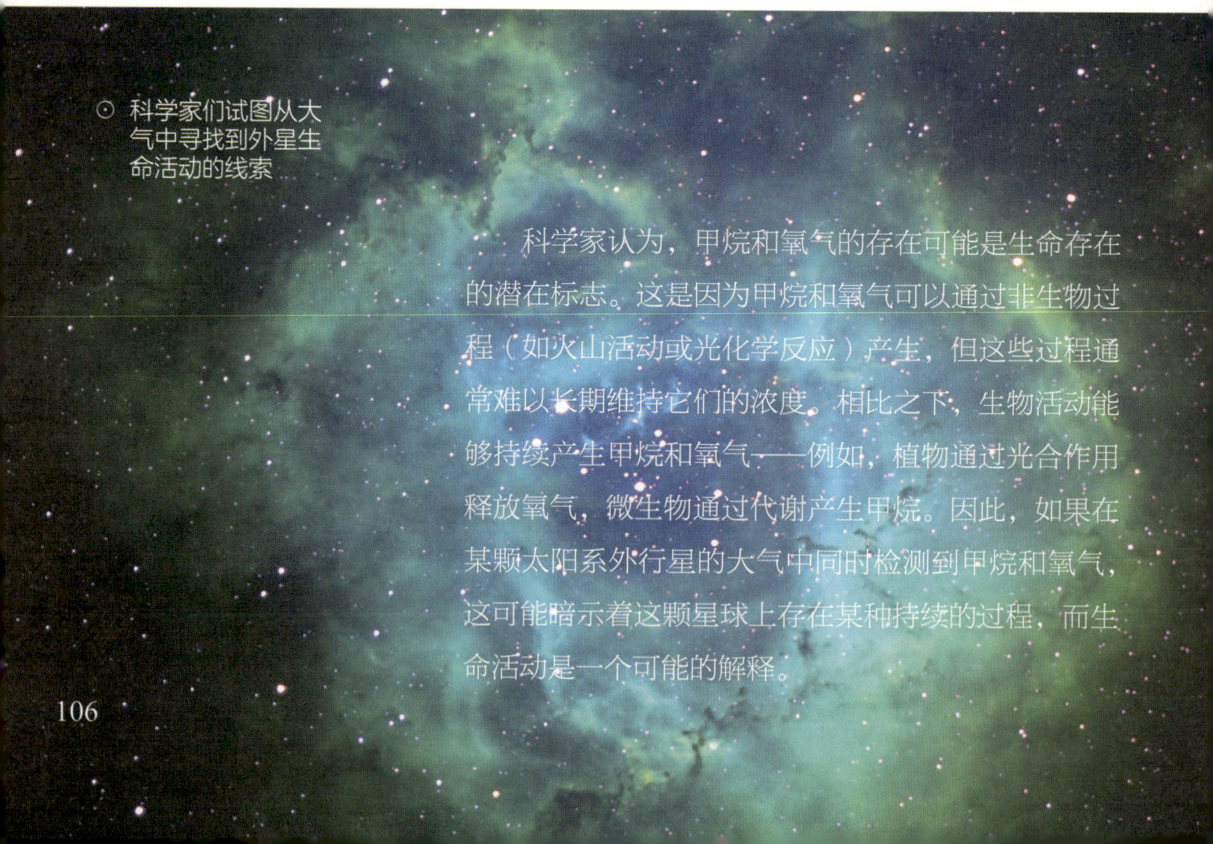

⊙ 科学家们试图从大气中寻找到外星生命活动的线索

科学家认为，甲烷和氧气的存在可能是生命存在的潜在标志。这是因为甲烷和氧气可以通过非生物过程（如火山活动或光化学反应）产生，但这些过程通常难以长期维持它们的浓度。相比之下，生物活动能够持续产生甲烷和氧气——例如，植物通过光合作用释放氧气，微生物通过代谢产生甲烷。因此，如果在某颗太阳系外行星的大气中同时检测到甲烷和氧气，这可能暗示着这颗星球上存在某种持续的过程，而生命活动是一个可能的解释。

我们经常在网络上看到各种各样的发现“UFO”的视频，但都是非常模糊的。真的有外星人吗？如果发现了外星生物，会发生什么呢？大概会有四种情况。

第一种情况，我们发现的是低级原始的外星文明。这些外星人连基本的语言交流都没有进化完全，只会使用一些简单的工具。此时，人类极有可能会攻占它们所在的星球，遏制这些外星文明的发展。

第二种情况，我们发现的外星文明等级和地球文明差不多。如果是旗鼓相当的对手，人类或许会和外星人进行一次友好的谈判，希望能够和平共处。同时，也会加大科学研究力度，研发出更加先进的武器以备不时之需。

第三种情况，我们发现的外星文明等级比我们高很多。他们拥有比地球人更高等的智慧，我们将陷入无尽的恐慌之中，生怕这些外星生物随时可能侵略地球，抢夺我们的资源。

第四种情况，我们发现了宇宙中的顶级文明。人类于它们而言就如同玩物一般。当人类遇上顶级外星生物会发生什么？此时可能只有两种结果：要么臣服，要么被毁灭。

⊙ 物理学家霍金曾经发出警告，人类不应和系外文明建立联系

著名的物理学家斯蒂芬·霍金生前曾多次警告人类不要主动接触外星文明。他认为，系外文明很可能存在，但它们可能并不友好。霍金强调，我们应避免与系外文明建立联系，因为这种接触可能会给人类带来毁灭性的后果。

如果外星人真的存在，并且它们有能力来地球，我们真的需要提高警惕。虽然到目前为止我们还没有确切的证据证实外太空有生命存在，但也不代表外星人是我们臆想出来的，也许他们早已经发现了我们，只是受到科技水平的限制无法向地球发出信号，也可能是地球科技还比较落后，无法接收到外星人的信号。

但随着科技水平的不断发展，我们正向真正的答案一步步靠近。作为地球上最具智慧的物种，人类命运始终与科学发展紧密相连，对外星文明的探索终将深化我们对生命本质的认知。

⊙ 人类需要不断提高自己的科技水平，以应对可能出现的威胁

如果地球有两个太阳，会变得怎样？

在遥远的星系中有一颗塔图因星球，天行者卢克向着远方走去，天边悬挂着两个太阳，一个是乳黄色的，一个是橙色的。这是电影《星球大战》里的一幕。在塔图因星球上，每天都上演着双日落的美景。

事实上，拥有两颗恒星的行星是存在的。科学家在距地球 245 光年的天鹅座发现了第一颗拥有双星的行星——开普勒 -16b。这是一个气态行星，由冰和气体组成。如果与太阳系的行星类比，它相当于土星。它与两颗恒星的距离约为地球和太阳距离的 7/10。而且这两颗恒星的总质量也不及太阳的质量，散发的热量比太阳少很多。在开普勒 -16b 行星上，地表温度约为 -70 至 -100 摄氏度。

科学家发现，像开普勒 -16b 这样的“双日行星”，其实普遍存在于银河系中。截至目前，已经确认的双星系统行星数量已达到两位数，随着继续观测和深入研究，这个数字可能还会增加。

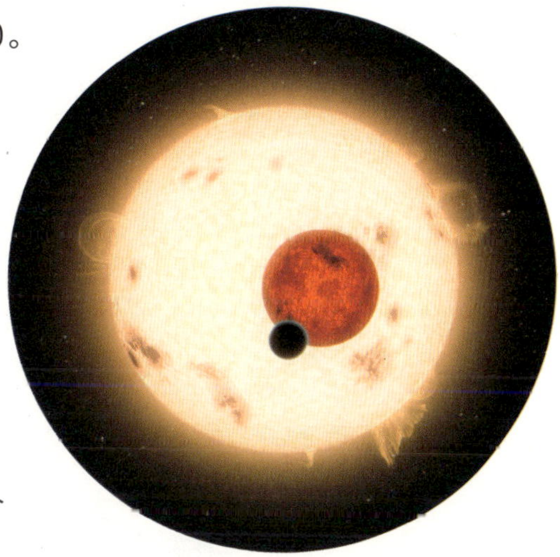

⊙ 拥有“双星”的开普勒 -16b 行星

什么是双星系统？

在浩瀚的银河系中，估计有 1000 亿到 4000 亿颗恒星，其中相当一部分恒星都处在双星或多星系统当中。双星系统是指两颗恒星通过引力相互束缚形成的系统，这两颗恒星之间的距离远小于与其他恒星的距离。当然，双星系统中的天体不仅可以是普通的恒星，还可以是中子星或黑洞。

根据两颗天体之间的距离，双星可以分为“宽距双星”和“密近双星”。在宽距双星中，两颗天体之间的距离较大，彼此的引力相互作用较弱，几乎不会对对方产生显著影响。在密近双星中，两颗天体之间的距离较近，彼此间的引力相互作用较强，可能导致物质交换或传输。

一部分密近双星由于过于“亲密”而产生接触，被称为“相接双星”。这样的两颗天体经过几百万年甚至是几十亿年的时间，逐渐“住进”同一个外部气体圈层中，慢慢会合并为一个天体。

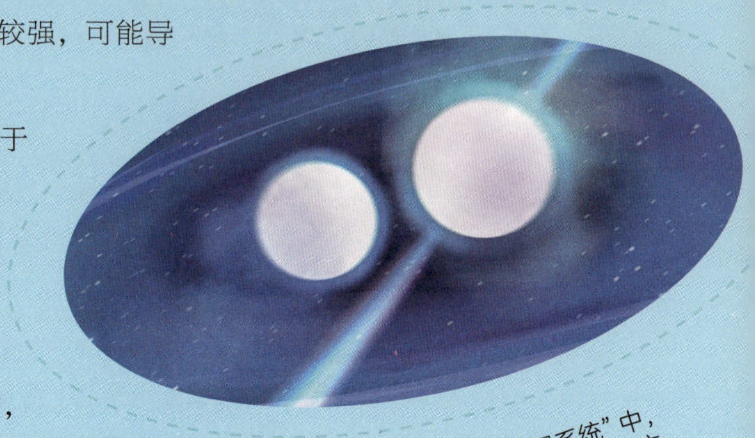

⊙ 在一个“双星系统”中，较亮的那一颗被称为主星，另一颗叫作伴星

组成双星的两颗星都称为双星的子星，其中较亮的一颗称为主星，较暗的一颗称为伴星。一些科学家提出假说，认为太阳在形成初期可能并非孤立存在，而是有一个“孪生姐妹”。只是机缘巧合下，这个“孪生姐妹”被其他天体的巨大引力抽离出去，最终被抛向银河系其他区域。由于距离太阳太过遥远，以至于我们目前根本无法确定哪一颗可能曾是太阳的伴星。

那么，如果太阳的伴星没有被“抛弃”，地球也像开普勒 -16b 那样有两个太阳，会发生什么呢？

如果地球与太阳距离拉近，很容易受到太阳耀斑和辐射的袭击

地球轨道异动

首先，地球的轨道会变得极其不稳定，因为双星系统的引力场比单星系统复杂得多。如果其中一颗恒星质量显著更大，地球可能会在其引力作用下逐渐靠近这颗恒星，距离拉近的同时还可能频繁受到恒星耀斑和辐射的袭击。地球温度会急剧上升，表面环境变得极端，生命几乎无法诞生或生存。如果其中一颗恒星质量显著较小，质量较小的恒星可能会对地球的轨道产生周期性扰动，导致轨道稳定性降低，使其逐渐偏离原有轨道，甚至被抛离双星系统或坠入其中一颗恒星。无论哪种情况，对地球上的生命来说都是毁灭性的。

最理想的情况是两颗恒星质量相近，且地球在稳定的轨道上运行。在这种情况下，两颗恒星引力的共同作用会使地球沿轨道运行的速度加快，公转周期会比现在更短。

光辐射将产生复合效应

双恒星的光辐射将产生复合效应。虽然两颗恒星的光谱叠加可能拓宽理论宜居带的范围，但紫外线和 X 射线辐射通量会显著增强，强烈的电离作用将逐步剥离地球大气层。更严重的是，两颗恒星光度随轨道相位产生的周期性变化，可能导致地表温度在短时间内出现超过 100℃的剧烈波动，远超碳基生物的耐受极限。

日食时间变长

地球在围绕双恒星公转的过程中，每隔一段时间，一颗恒星就会从地球的视角经过另一颗恒星，形成类似日食的现象。但与地球上我们见过的日食不同，这次是一颗恒星阻挡了另一颗恒星。在极端情况下，若双星间距仅数百万千米且轨道面与地球共面，全食现象可能持续长达十小时。而在双星同时可见期间，叠加的辐射能量将达到单星系统的数倍以上，这种持续的能量冲击不仅会引发全球性电离层扰动，更可能导致大气分子获得逃逸速度，最终使地球陷入致命的失气过程。

很多人曾幻想过，当两个太阳在不同时间升起和落下时，我们有机会在同一天欣赏到两次日出和两次日落的极致美景。但这种美景或许只存在于理想化的幻想中！

⊙ 日食的发生主要由于月球挡在了地球和太阳之间

如果你不小心掉到了木星上，会发生什么？

在电影《流浪地球》中，地球在逃离太阳系的过程中，导演安排了一场地球要与木星相撞的戏，相信看过的朋友一定还心有余悸。

木星被称作是太阳系中最极端的行星。木星是太阳系中最大的一颗行星，体积是地球的 1300 多倍，质量是太阳系其他行星质量总和的 2.5 倍，也是地球质量的约 318 倍。不仅如此，木星还是太阳系中天然卫星最多的天体。地球只有 1 颗天然卫星——月球，而木星截止到 2023 年确认的天然卫星已经有近百颗。

⊙ 对于地球来说，木星显然是一个庞然大物

木星为什么可以拥有众多卫星？

早在伽利略时代，人类就已经开启了对木星的观测。1610 年，天文学家伽利略在木星周围发现了 4 颗围绕它运转的天体。这是最早被发现的木星卫星，属于木星的主卫星群，分别是木卫一（艾奥，Io）、木卫二（欧罗巴，Europa）、木卫三（盖尼米德，Ganymede）和木卫四（卡里斯托，Callisto）。

⊙ 木星和围绕它运转的卫星

作为太阳系中最大的一颗行星，木星一直以“兄弟”众多著称，而且不断有新的家庭成员被发现。木星可以拥有这么多颗卫星，源自它强大的引力。前面提到，木星质量巨大，而引力大小与质量正相关，这样一个巨无霸自然就可以吸引众多的卫星。

木星在太阳系中被称为“太阳系吸尘器”，因为它强大的引力能够吸引并捕获许多小天体。1994 年，人类目睹了木星遭遇苏梅克－利维 9 号彗星撞击的全过程。这颗彗星被木星强大的引力捕获后，在低于木星的洛希极限时被撕碎成 21 块碎片。这些碎片以极高的速度撞击木星，最强烈的撞击所产生的“瘢痕”直径接近地球直径。

那么，如果你不小心落到木星上，会发生什么呢？

木星与地球不同，地球表面是岩石圈，人类可以成功着陆，而木星则是一颗气态巨行星。现有理论认为，木星约 90% 的成分是氢，其余主要为氦，其内部可能包裹着一个高温高压的致密核心。

木星自转速度非常快，自转一周约为 9 小时 50 分钟，若你靠近木星，可能在进入大气层前就被潮汐力撕碎。当然，随着科技的发展，我们可能会研发出用新材料制作的超级宇航服，足以使你在其强大引力下存活下来。这也只是开始。

当你到达木星大气层顶端，会感受到周围气体密度急剧增大，大约坠落数十分钟后，你会看到白色的氨冰云层，这里的温度大约有 -150 摄氏度，木星云层会产生强大的飓风，时速达到 360 千米，此时你仿佛置身于巨大的龙卷风中。

继续下落 10 分钟，一片黑暗的气体云映入眼帘，越是深入，越是黑暗，直到完全变黑。超级飓风持续呼啸，伴随着闪电风暴，外部压强升至地球表面的数十倍，温度开始升高。

随着深度增加，周围的温度和压强会继续上升，周围的气体开始变成液体，到达木星的"海洋"。这其实不是液体，也不是气体，而是一种超临界流体，此时已经非常接近木星的核心，这里的温度约为 5000 摄氏度，压强大约是地表的 10 万倍。

如果你足够幸运，逃过了被撕裂、被压扁、被燃尽和被禁锢的危险，到达了木星的固态核心，等待你的是什么，科学家并不知晓。但极有可能是高达 20000~30000 摄氏度的高温和 3000 万 ~4000 万倍于地球表面大气压的极端环境。

此时，即使你想拿出可以抵抗高温、高压的摄影设备拍张照片传送回地球，也会发现这里的电磁波已经全部被阻隔，信号全无！

看来，如果不小心掉到木星上，对于我们每个人来说，可能都不是一件好事。

⊙ 木星固态核心的温度或达到 30000 摄氏度

⊙ 望远镜观测到的一个包含黑洞的螺旋星系

如果黑洞进入太阳系，会发生什么？

2023 年，科学家发现了一个距离地球约 1380 光年的黑洞——这是迄今为止已知距离我们最近的黑洞。这一发现让许多人不禁思考：如果黑洞进入太阳系，会发生什么？黑洞是宇宙中最神秘的天体之一，它的引力强大到连光都无法逃脱。想象一下，如果一个黑洞悄然闯入我们的家园，它会对太阳、行星包括地球产生怎样的影响？

黑洞进入太阳系的可能性有多大？

太阳本身是不可能变成黑洞的，因为恒星想要通过引力坍缩形成黑洞，其质量就必须是太阳的数倍以上，所以太阳想变成黑洞是不可能的。那么，如果太阳系要遭遇黑洞，唯一的可能性就是宇宙中的黑洞进入太阳系。根据对银河系黑洞密度的估算，黑洞进入太阳系的概率极低，可能每数十亿年才有一次接近事件。

宇宙中主要有两种黑洞。一种是位于星系核中心的超大质量黑洞，这种黑洞对太阳系几乎没有威胁，除非银河系与其他星系发生碰撞。另一种是恒星级黑洞，它们是由大质量恒星在生命终结时发生爆发、内陷和坍缩后留下的。如果这类黑洞游荡到距离太阳系不到 1 光年甚至更近的范围内，其引力可能严重干扰太阳系天体的运行。

⊙ 黑洞进入太阳系的概率大约为一万亿分之一

如果真有一个黑洞不请自来，闯入我们的太阳系，会发生什么呢？

黑洞对太阳系的影响大小主要取决于它的质量以及进入太阳系的程度。假如是一个超大质量黑洞（数百万倍太阳质量的黑洞），哪怕只是在太阳系附近经过，也会对太阳系造成极大的扰动，但不至于吞没太阳系。

但当它接近太阳系的外围，经过奥尔特云时，就会严重干扰彗星的运行轨道，使它们向太阳系内部移动。地球和太阳系中的其他行星可能会因此受到流星体的密集撞击。

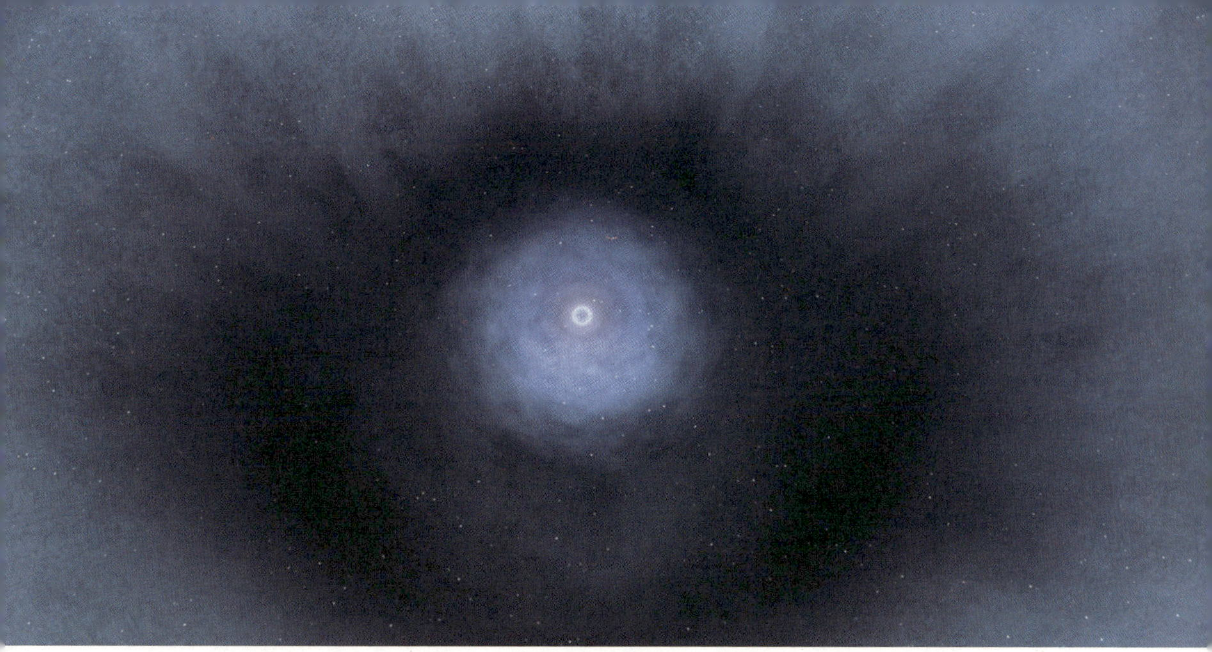

这还只是热身而已。当这个黑洞穿过太阳系时，如果不考虑引力透镜效应对遥远天体产生的微弱影响，我们是无法观测到黑洞的。但太阳系中所有行星的运行轨道都将受到严重干扰，甚至整个太阳系的结构都可能被扭曲。若黑洞足够接近木星，其潮汐力可能剥离木星大气，形成短暂的低亮度吸积盘，此时，我们有可能通过观测吸积盘间接“看到”黑洞。

这场观摩虽然震撼人心，但却致命。任何行星一旦被黑洞捕获，即使大如木星，也会被完全吞噬。当黑洞越来越近，到达火星和木星之间的小行星带时，其强大的潮汐

⊙ 观摩黑洞虽然震撼人心，但结果可能是致命的

力可能会对地球产生显著影响。地球围绕太阳运转的轨道会发生偏移，导致地球离太阳越来越近或越来越远，由此引发飓风、火山喷发、海啸或是地震等地质灾害，带来灾难性的后果。

若黑洞继续靠近，地球最终可能被黑洞的潮汐力撕裂，其表面物质被剥离，直至整个地球被黑洞吞噬，仅剩内核（若存在）在极端高温高压下可能被熔化或分解。地球上的所有生物在接近黑洞的过程中，会因潮汐力作用而经历“意大利面条效应”（即身体被拉伸成细长形状），最终坠入黑洞的奇点，导致地球彻底毁灭。

然而，还有一种可能，地球在黑洞引力的扰乱下脱离运行轨道被弹射出太阳系，成为一颗流浪的星球。在冰冷的外太空中，地球将冻结在接近绝对零度的环境中，直到被另一颗类似太阳的恒星捕获，迎来下一个光明的希望。

黑洞与太阳系的终极决战将在黑洞与太阳之间展开。但黑洞并不一定会最终胜利，这依旧取决于黑洞的原始质量。太阳可能会以另一种形态存活下来，或是被黑洞撕裂，与其他行星一起被卷入超高温的等离子体漩涡里，此时黑洞像是一条“贪吃蛇”，持续扩张、吞噬或驱散周围的物质。

幸运的是，宇宙中的黑洞数量虽然很多，但分布稀疏，能够进入太阳系并造成威胁的可能性极低。即使存在某个疑似为黑洞的天体靠近太阳系，而且移动速度非常快，但想要到达太阳系也是不容易的，起码在我们有生之年是不可能出现的。

如果宇宙停止膨胀，会发生什么？

当你仰望星空，看到满天璀璨的星辰和浩瀚无垠的宇宙，是否思考过：宇宙是如何形成的？未来又会走向何方呢？

万物始于微小。我们看如今的宇宙辽阔无边，但在大约 138 亿年前，它却诞生于一个奇点，这个奇点蕴含着巨大的能量。由于宇宙大爆炸，奇点的能量被释放出来，宇宙开始急剧膨胀并放射出光芒。

在大爆炸初期，宇宙中各种物质混合在一起，密度极高，形成了早期的物质分布，其中可能包括超大质量黑洞。这些早期的物质分布和引力作用加速了宇宙中物质的聚集，逐渐形成了宇宙的结构和规律。

宇宙形成初期，天体活动非常剧烈，伴随着大量恒星的形成和爆炸，第一批恒星寿命短暂，迅速灭亡，它们的物质扩散到更远的宇宙空间，与周围的物质共同作用，形成第二批恒星，并逐渐形成星系。

科学家发现，宇宙目前还在不断膨胀。20 世纪 20 年代，哈勃团队观测到，离地球越远的星系，远离地球的速度越快，这表明两者间的距离在不断增大。

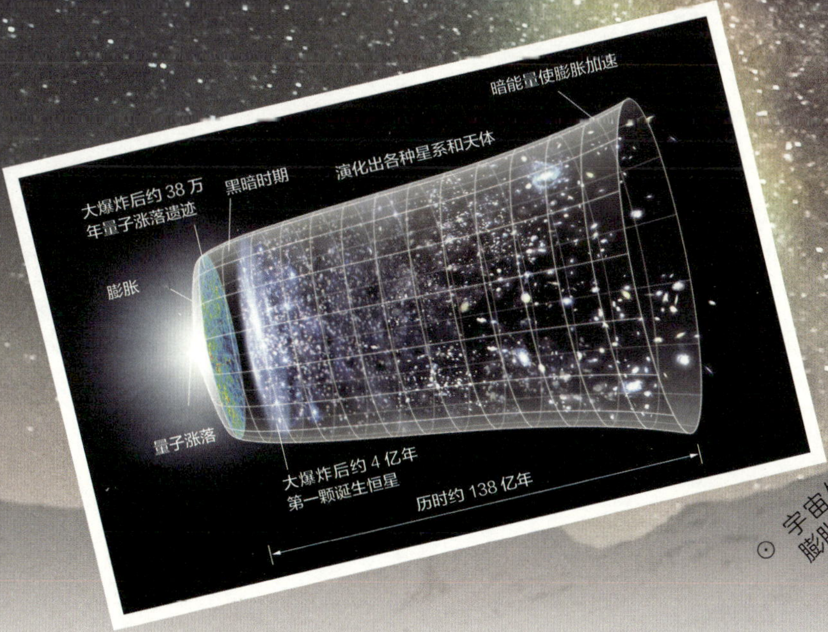

⊙ 宇宙处于不断膨胀的过程中

什么是宇宙膨胀?

如果将宇宙比作一个生面团，而将星系比作放入其中的葡萄干，当将面团放入烤箱中烘焙时，随着面团的膨胀，葡萄干就会慢慢地散开，分布到面包的各个角落。宇宙膨胀也是这样，从任何一个星系的角度出发，其他星系都在远离它，而且离得越远，远离的速度越快。然而，宇宙中没有“烤箱”，它为什么会不断膨胀呢？宇宙能够克服引力加速膨胀，必然存在某种神秘的力量在推动它，这种力量即暗能量。

科学家通过对宇宙的观测发现，暗物质虽然自身不发光也不反射光，却具有引力效应，它们约占宇宙总能量的 27%，构成天体和星际气体的常规物质只占 5%，其余为推动宇宙加速膨胀的暗能量。

事实上，宇宙本不该膨胀。由于宇宙中各物质之间存在着巨大的引力，宇宙的膨胀应该逐渐减缓甚至收缩。但暗能量具有一种特殊的“反引力”效应，强行将宇宙空间拉开，使得宇宙空间持续膨胀。

⊙ 科学家认为，暗能量是宇宙膨胀的能量来源

目前科学家对于暗能量的研究还不够深入，如果它是持续存在的，宇宙就会无限地膨胀下去；如果它的效应会随时间减弱，当反引力效应不足以抵抗引力时，宇

宙中各物质间的引力又会重新占领上风，宇宙可能会停止膨胀，甚至收缩。

如果有一天宇宙停止膨胀了，会发生什么呢？

如果这种暗能量随着时间不断衰减，当宇宙中的物质之间的距离已经大到无法通过引力显著影响彼此的运动时，宇宙就可能会陷入一种近似停滞的状态。

此时，宇宙进入了一种近似静止的状态，既不会显著膨胀，也不会显著收缩。随着时间的推移，恒星会消耗掉形成新恒星所需的气体，导致新恒星的诞生逐渐减少。现有的恒星也会耗尽燃料，宇宙将逐渐变暗，最终可能充满黑洞和致密天体。届时，地球早已不复存在，可能已被我们曾经熟悉的太阳——那时已变成红巨星——吞噬或抛离。

但是，如果这种暗能量突然变弱或消失，无法抵抗宇宙中各物质间的引力时，引力便会推动物质与空间向内收缩，这种收缩可能导致"宇宙大坍缩"的发生。目前，我们所能观测到的宇宙光谱皆是红移，这表明宇宙正在膨胀。一旦大坍缩出现，宇宙将向内收缩，宇宙光谱开始蓝移（波长变短，频率变高），宇宙温度和密度均会上升。

若在此时仰望星空，你会发现无数的恒星急速演化，亮度也在急剧增加，直到超新星爆发，星系之间剧烈碰撞，释放出的巨大能量放射到宇宙中，就像是一场"末日狂欢"。碰撞产生的冲击波和辐射会将宇宙中残留的结构破坏殆尽。

最终，所有的宇宙实体可能坍缩成为黑洞，并进一步演化，在极端条件下可能回到类似奇点的状态。

不过不要担心，从目前的观测来看，这种暗能量还是十分稳定的，"大坍缩""大静止"暂时都不会发生。但未来，谁又能准确预测呢？

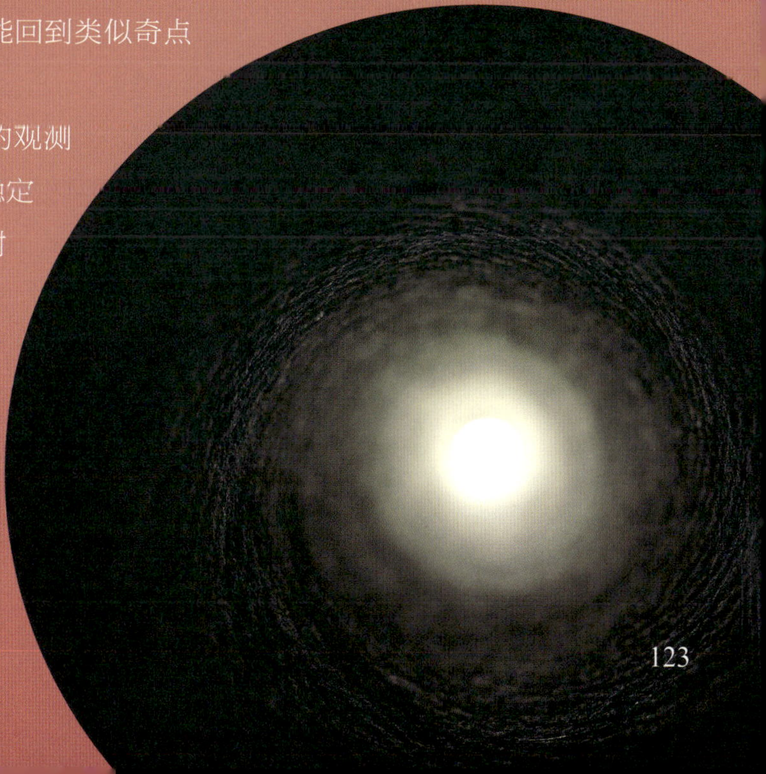

⊙ 宇宙实体坍缩为黑洞后，会继续缩小为奇点

如果将所有的垃圾送进太空，会发生什么呢？

降解一颗苹果核，需要数周的时间；降解一件厚重的羊毛衣物，需要数年的时间；降解一个铝制易拉罐或一个塑料制品，则需要上百年的时间……

一项统计表明，自 1900 年以来，人类产生的塑料已达 80 多亿吨。据预测，到 2030 年，全球年度塑料垃圾产生量可能达到 5300 万吨，而且人类已经无法想象自己制造的垃圾所造成的污染的深度与广度。无论是世界最高峰珠穆朗玛峰的山巅，还是太平洋最深处的海底，都可以发现人类活动产生的垃圾。就连远离人类生活的马里亚纳海沟，深度超过 10 千米的海底，也发现了持久性有机污染物的残留，甚至还有啤酒罐和塑料袋等垃圾，它们正在污染着海洋生物。我们的地球已经被垃圾包围。

垃圾会对地球造成什么影响？

垃圾，尤其是塑料和化学废弃物，会释放大量有毒化学物质和重金属。这些有害物质一旦进入水源，会对海洋生态系统造成严重破坏，导致大量海洋生物死亡，并污染水资源，进而通过食物链威胁人类健康。

焚烧是垃圾处理的常用手段之一，但焚烧过程中产生的废气和粉尘颗粒会严重污染空气，降低空气质量。此外，焚烧还会释放大量二氧化碳，加剧温室效应，加速全球气候变化，对地球生态系统造成深远影响。

另外，垃圾对土地的影响也特别大。随着垃圾产生量的增加，垃圾堆放和填埋占用的土地面积不断扩大。许多垃圾（如塑料、电子废弃物）的降解时间长达数百年，不仅严重污染土壤，还会导致土壤肥力下降和土质硬化，影响农作物生长和质量，进而威胁粮食安全。

垃圾已经让地球不堪重负，只是依靠填埋无法拯救地球。那应该如何自救呢？人类将目光投向了外太空。如果有一天，我们将所有的地球垃圾都送往太空，会发生什么呢？

⊙ 垃圾处理不当，会造成海洋生物的大量死亡

首先，我们将面临高昂的成本。想要将地球上的垃圾送往太空，需要强大的运载工具,那就是运载火箭。以重型运载火箭（如 SpaceX 的“猎鹰重型”火箭）为例，其地球同步转移轨道的运载能力约为 26.7 吨。根据世界银行的数据，2020 年全球城市固体废物产生量约为 20 亿吨。

假设我们需要将这 20 亿吨垃圾全部送上太空，以“猎鹰重型”火箭的运载能力计算，需要发射约 7500 万次。如果要在一年内完成，每天需要发射约 20.5 万次。“猎鹰重型”火箭的确切造价虽未公开，但显然每次发射的成本高昂，这么算来成本是个天文数字。

你以为这样就结束了？地球的近地轨道中已经存在着不少的垃圾，包括卫星、火箭残骸和碎片。如果我们将地球垃圾运送到外太空，这些垃圾将进一步加剧太空污染。

垃圾在太空中的运行速度可以达到 2.8 万千米 / 时，这个速度可是相当于我们普通客机速度的近百倍。它们高速而无序地漂浮在地球轨道上，像子弹一样具有极强的杀伤力。更危险的是，很难预测它们下一秒是否会改变运行轨道而发生大碰撞，

带来“太空交通事故”。

如果我们不停地向太空发射垃圾，产生的后果将不堪设想，这些看似不起眼的垃圾碎片将成为太空交通事故最大的潜在“肇事者”，它们会撞毁人类的空间站或人造卫星。要知道，这些卫星或空间站承担着通信、气象监测、导航等重要任务，一旦被撞毁，很可能给生活和科技发展造成巨大影响。

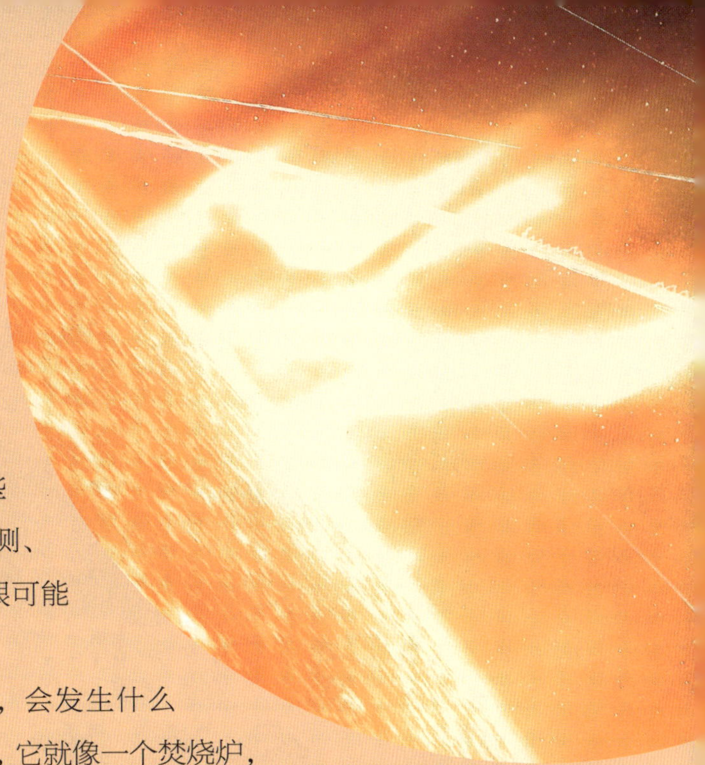

⊙ 让太阳帮助焚烧垃圾，可能仅仅存在于理论中

如果将垃圾发射到太阳附近，会发生什么呢？理论上，太阳拥有巨大的能量，它就像一个焚烧炉，可以将垃圾焚烧殆尽，而且产生的毒素或是微小颗粒永远也不会成为地球的困扰。

这看似是“一劳永逸”的办法，但在实际操作中仍存在诸多难题。目前，人类将物体送入地球外层空间都已经不容易了，何况是将它们送向遥远的太阳呢？

另一种方案是我们可以利用拉格朗日点，也就是两颗天体之间引力平衡的位置，将地球垃圾送到那里，但拉格朗日点并非完全稳定，垃圾可能会在那里逐渐扩散或受到其他天体的引力扰动而改变轨道。此外，如果垃圾量过大，形成“垃圾卫星”或“垃圾云”，同样会对太空环境造成污染，并可能对未来的太空活动构成威胁。

这些垃圾又将再次散落于宇宙空间之中，我们将无法锁定这些垃圾的去向，只知道它们从地球上消失了。

未来，这些垃圾会不会给地球带来毁灭性的一击，无人知晓，但一切皆有可能！因此，将垃圾送入太空并非一个可行的解决方案，我们需要寻找更加可持续和环保的垃圾处理方法。

宇宙中的星系至少有上千亿个

如果宇宙中两个星系碰撞，会发生什么？

人类对宇宙的认知主要依赖于我们能够观测到的天体。因此，天文学家的理论大多是建立在对恒星和星系的研究基础之上的。

在宇宙中，大多数的恒星都是“拉帮结派”的，它们分属于不同的星系。比如我们的太阳就位于银河系之中。星系是由引力束缚在一起的几百万至几万亿颗恒星以及星际气体、尘埃和暗物质等构成的天体系统。

目前，科学家估计宇宙中至少有 1000 亿个星系，很多个星系聚集在一起还会形成星系团。一个星系团中可能包含十几个、几十个乃至成百上千个星系。虽然新的恒星在不断地形成，但星系却是古老的，它们大多诞生于宇宙大爆炸后不久。

星系是如何形成的?

⊙ 主流观点认为，星系最早是从直径较小的原始星系发展而来

关于星系的形成，至今在科学界都没有定论。目前科学界主流的观点认为，它们可能是从直径较小、形状也不规则的原始星系发展而来。

大爆炸后的早期宇宙空间中充满了气体，按质量计算，这些气体含有 75% 的氢和 25% 的氦，随着时间的推移，气体聚集在一起形成气体云，气体云和尘埃进一步收缩，形成原始星系。体积巨大且炽热的恒星便诞生于原始星系之中。刚诞生不久的原始星系体积较小，且形状极不规则，在引力的作用下，不同的原始星系聚集在一起，形成更大、更成熟的星系。

根据形状，星系可以分为椭圆、透镜、旋涡、棒旋和不规则 5 种类型。椭圆星系没有盘状结构，外形近似于椭圆，分类符号后的数字表示扁度（0 为球形，7 为最扁）；透镜状星系看起来像透镜一样，没有明显的旋臂。旋涡星系具有旋臂结构，核心多为老年恒星，旋臂上则是年轻的蓝巨星。棒旋星系则有两条巨大的旋臂从棒状结构的两端延伸出来，银河系就是一个棒旋星系。不规则星系是没有规则形状的星系，只是恒星和星云的集合体。

在茫茫宇宙中，两个星系在引力作用下彼此吸引时有发生。已知距离银河系约 254 万光年的仙女星系 M31 正在向银河系“飞奔”而来，预计将在 38 亿年之后与银河系发生相撞，上演一次星系大融合。那么，如果两个星系相撞，会发生什么呢?

星系"相撞"的过程中可能会产生出"美丽的烟花"

世纪大融合

事实上，星系的大部分空间都是真空，看似巨大的恒星在星系这个庞然大物面前就是一个小斑点。所以当两个星系"相撞"时，并不会发生我们以为的大碰撞，实际上这一过程更像是两群人从马路的两边相向而行，在马路中央混合在一起。

美丽的烟花

当然，星系在"相撞"的过程中也会不可避免地擦出火花，毕竟星系当中包含着大量的气体和尘埃，它们以星云的形式抱团存在。一旦遭受撞击，便会分崩离析，绽放出美丽的"烟花"。

新恒星的诞生

尽管恒星罕见碰撞，但星系中的气体和尘埃云在引力扰动下会剧烈压缩，触发超新星爆发或形成明亮的星云，宛如宇宙"烟花"。

星系合并并非一蹴而就，通常需经历多次引力交互。若大小星系侧面碰撞，小星系可能穿透大星系并交换物质；正面碰撞则可能撕裂小星系，其气体被压缩后触发剧烈星暴活动，甚至形成新星团。

近年来，星系碰撞逐渐被天文学家们"盯上了"。其实，宇宙中大多数星系都经历过不止一次的碰撞，这对于星系的演化至关重要。未来仙女座星系与银河系发生碰撞会发生什么，谜底仍然需要科学家进一步探索！

如果一根针以光速撞击地球，会发生什么事情？

6600 万年前，一颗小行星在如今的墨西哥尤卡坦半岛希克苏鲁伯地区撞击地球，留下了一个巨大的陨石坑，改变了地球的命运。当时，究竟是怎样的场景？小行星撞击给地球带来了什么？科学家在北达科他州发现的大量化石，为我们还原了部分当时的惨状。

在撞击发生之后的数小时之内，海啸和地震便席卷内陆，将海洋生物与各种内陆生物一同掩埋并沉积。这一巨大撞击以及由此引发的毁灭性灾难，也给恐龙这一当时的地球霸主致命一击。

根据研究，当时这颗直径接近 10 千米的小行星撞击地球时的速度约为 20 千米 / 秒。虽然这颗小行星没有对地球本身造成根本性破坏，只是留下了一个大坑，却导致地球上四分之三的生物灭绝。

陨石撞击地球表面后，可能会留下巨大的撞击坑

为什么撞击坑都是圆的？

当流星体撞击地球时，速度极快，每秒可以达到几千米。撞击的瞬间，流星体巨大的动能转化为热量，会发生爆炸。爆炸冲击波向四周扩散，形成圆形坑。当然也有例外，那就是流星体以非常小的角度撞击地球，就像“擦过”地球表面一样。

当我们考虑撞击力时，相撞的物体的速度和质量都是重要影响因素。同样的一辆车，如果以 50 千米 / 时的速度撞到了一位路人，这位路人可能会受伤但有机会生还。但是如果速度达到 100 千米 / 时，那这位被撞的路人很可能会死亡。同理，被同样速度的小轿车和大卡车撞击，受到的伤害也截然不同的。

如果不是像陨石那么大的物体撞击地球，而是一根微不足道的针，以普通流星体的速度撞向地球，产生的影响不会很大。但是如果一根针以光速撞向地球，会发生什么呢？

在照相机问世之前，人们偶尔通过绘画作品来描绘流星

在大气层中燃烧殆尽

地球有一层厚厚的保护层——大气层，其厚度约 1000 千米。地球大气层就像一条厚厚的毛毯一般，包裹着地球，不仅让地球保持适宜的温度，还能使其免受外来辐射和流星体的损害。

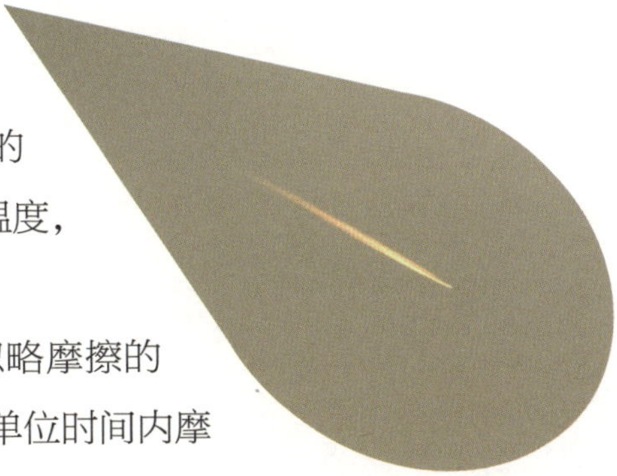

⊙ 在穿越大气层的过程中，摩擦产生的热量会让针燃烧殆尽

当一根针以光速向地球飞射而来，在不忽略摩擦的情况下，根据物理学原理，物体速度越快，在单位时间内摩擦力就能将更多的动能转化为热能。因此，这根以光速飞行的针进入大气层后，会因剧烈摩擦而迅速升温，最终燃烧殆尽或汽化。

⊙ 一根针也能毁灭地球吗？听起来似乎不可思议

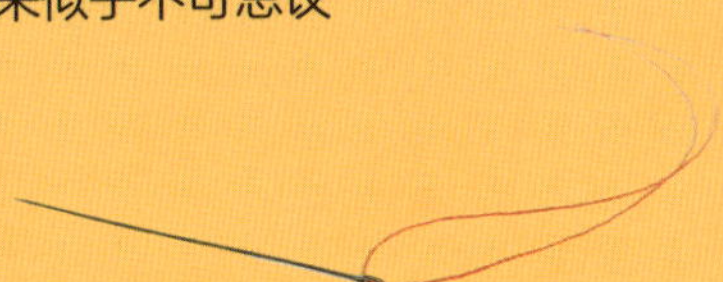

大爆炸或毁灭地球

如果我们彻底忽略大气摩擦，让这根以光速飞行的针直接撞击地球，结果会怎样？

物体撞击产生的能量与物体的速度密切相关，若一根质量为 1 克的针以接近光速撞击地球，其将释放约为 1.5 亿吨炸药爆炸产生的能量，威力远超人类历史上最大的氢弹。但按照相对论，当物体接近光速时，其动质量趋向无限大，所需能量远超宇宙总能量，此时撞击的能量足以摧毁整个行星系统。

在科幻系列作品《三体》中，作者提到一种武器，这种武器利用光速粒子打击恒星。按照刘慈欣的假设，如果忽略大气层摩擦，这根以光速飞来的针或许会直接将地球毁灭。

⊙ 或许“光速针”只存在我们的假设中，永远不能成为现实

穿地球而过

由于以光速运动，即使是一根小小的针，也可以产生巨大的能量。理论上，这根针可以直接刺穿地球，但不会在地球表面留下一个细小的孔洞。当针进入地球的瞬间，其巨大的能量会在地壳中引发剧烈爆炸，形成一个巨大的陨石坑。随着针继续深入地球，能量不断释放，还可能诱发史无前例的火山喷发和强烈地震。

但这一切的可能都是在假设的基础上。事实上，想有一根以光速运动的针，这是不可能发生的事情。

根据爱因斯坦相对论里的质能方程，当物体的速度接近光速时，动质量将会趋近于无限大。不管是针还是其他任何有质量的物体，都不可能达到光速，所以让一根针达到光速本身就是谬论，更别说让这根“光速针”撞击地球了。如果从科学的角度来思考这个问题，根据相对论和物理学理论，这个问题本身就经不起推敲，但是科学的本质就是不断地大胆假设，然后科学地求证。

如果生活在小行星上，会发生什么？

看过《小王子》的人，应该对小王子的家乡印象深刻吧！那是一颗叫作 B612 的小行星，书里描述的星球只有房子大小，小到只要搬动板凳，就能在一天中的任何时间看到太阳。而小王子的玫瑰花就留在这颗神奇的小行星上。

当然，科学家们认为这颗叫作 B612 的小行星是根本不存在的，因为质量如此小的行星，引力十分有限，不可能拥有稳定的大气层供小王子和玫瑰花生存。但科学家们并没有停下寻找这样的小行星的脚步。

众所周知太阳系有八大行星，它们在各自的轨道上以不同的速度围绕着太阳旋转。而八大行星的卫星也在自己的轨道上围绕着各自的母星旋转。

⊙ 太阳系的八大行星都在围绕太阳公转

整个太阳系看起来井然有序，一片祥和。但其中也有一些不安定分子。太阳系中已发现的小行星总数达上百万颗，主要包括主带小行星、近地小行星、木星－特洛伊小行星，以及海王星外天体和半人马天体在内的太阳系小天体。

它们大多分布在火星和木星的轨道之间，其总质量仅为月球质量的 4%。最大的一颗“谷神星”平均直径约 934 千米。这些小行星的轨道与八大行星轨道纵横交错，有些小行星的轨道还可能与地球轨道相交。

大多数科学家认为，行星的大小和生命的孕育有很大的关系。一般来说，质量过小的行星引力微弱，无法形成稳定的大气层，缺少大气和稳定的氧气，生命自然无法孕育。但也有观点认为，小行星同样具有孕育生命的能力。如果我们像“小王子”一样生活在小行星上，会发生什么呢？

⊙ 距离太阳较远的小行星更像是“冰冻星球”

举步维艰

绝大多数小行星体积与质量微小，超过 95% 的小行星表面重力不足地球的万分之一。在此环境下，人体行动会面临失重效应：轻微发力可能导致身体悬浮，常规行走难以实现，需借助锚定工具或推进装置辅助移动。

克服小行星的严寒气候

多数小行星都集中分布于火星和木星轨道之间，构成太阳系主带小行星带，约占已发现小行星总数的 94%。由于距离太阳更远，这类主带小行星表面温度普遍较低。部分小行星内部或地表阴影区可能存在冰，低温环境使水以固态形式长期保存。

太空漂浮易于实现

每一颗星球都有一个逃逸速度，这个逃逸速度可以理解为从星球表面逃逸所需要达到的最小逃逸速度。对于体积较小的小行星来说，逃逸速度可能只有每秒几米。这意味着普通人类可能通过跳跃即可脱离其引力束缚，进入太空漂浮状态。

⊙ 小行星上可能含有巨大的矿产资源

矿产资源潜力

小行星蕴含丰富的稀有金属资源。以金属质 M 型小行星“灵神星”（16 Psyche）为例，其铁、镍储量丰富，并含有铂族金属。单颗此类小行星的金属储量远超地球年开采总量，可能成为未来太空工业的原料来源。

主带小行星按成分可分为三种类型：C 型、S 型和 M 型。

C 型小行星也就是碳质小行星，这类小行星在小行星中约占 75%。C 型小行星一般位于小行星带的边缘位置，距离木星较近，其上富含碳化合物和水合矿物，部分含有磷酸盐，可能为生命起源研究提供线索。

S 型小行星也就是硅酸盐小行星，这类小行星占小行星总数的 17% 左右，其上富含硅酸盐类矿物。其成分与地球地幔相似，为研究行星演化提供了天然样本。

M 型小行星也就是金属小行星，以铁镍合金为主，铂族元素含量较高，具备重要的工业开发价值。

随着深空探测技术的进步，小行星逐渐成为星际探索的新焦点。我国在完成火星探测任务后，已将小行星采样返回列入行星探测工程的后续目标。这片蕴藏着奥秘的太空矿场，正等待人类揭开其神秘面纱。

⊙ 对小行星的探索正在成为太空探索的一个重要方向

如果到了宇宙边缘，会发生什么？

当我们抬头仰望星空时，总会感慨宇宙的浩瀚无垠。如果问一个人“宇宙有多大？”你得到的答案很可能是“无限大”。

人类一直在努力寻找宇宙的边界，事实上，我们也的确通过“光”这位使者，标记出了我们认为的宇宙边界。

自古以来，人类就对宇宙充满了好奇。那时候的人们认为地球是宇宙的中心。他们观测天象，发现太阳东升西落，各种天象变化看起来都像是宇宙星辰皆围绕地球运动。“地心说”由此而来。而后，随着人类对宇宙的不断探索，逐渐意识到并不是所有的天体都围绕地球运动，而是围绕太阳运动，便有了“日心说”。

无论是地心说还是日心说，都未能揭示宇宙的本质。无论是地球还是太阳，都不是宇宙的中心。现代科学认为，宇宙诞生于一场大爆炸，一个密度无限大、体积无限小、温度无限高的奇点发生爆炸产生了如今的这一切。

宇宙的广袤非肉眼所能及，当我们用肉眼观测宇宙时，能看到的只是银河系的一小部分，想要观测更远的太空，就需要望远镜的帮忙，于是哈勃望远镜、JWST太空望远镜等设备应运而生。有了这些太空望远镜的帮助，人类可以观测到数十亿光年之外的星系，也可以看到更大、更全范围的宇宙全貌。

从大爆炸诞生的那一刻起，宇宙就一直处在膨胀的状态，也就是说宇宙膨胀其实是空间在膨胀。随着宇宙的膨胀，如果两个星系之间的距离足够远，远到“相互远离的速度”大于光速，在这种情况下，即使一个星系发出的光向着另一个星系传播，也会因为赶不上两个星系相互远离的速度而无法到达另一个星系。这意味着我们无法观测到这些星系。

在天文学上，我们能够观测到的宇宙范围被称为“可观测宇宙”。根据现代科学的研究，可观测宇宙的直径约为 930 亿光年。也就是说，地球永远也无法观测到 465 亿光年以外的星系（因为这是可观测宇宙的半径），这个距离可以被称作是目前技术所能观测到的“宇宙边界”。

但是，如果有一天人类可以依靠现在无法理解的科技力量到达宇宙边缘，会看到一幅什么样的景象呢？科学家根据现有的一些科学知识，提出了三种猜想。

与普通宇宙无异

第一种可能就是当我们到达宇宙边缘时，发现宇宙边缘与我们所观测到的宇宙并没有区别，也是由星系、星云、黑洞等物质组成。科学家预测，这种可能性最容易推测，但现实大概率不是这样的。

⊙ 宇宙的边缘可能也是由星云、星系等物质组成

连环结构

我们还可以提出这样一种假设，那就是我们目前触及到的宇宙其实是另一个宇宙中很小的微粒。在那个宇宙中，像我们所生活的这个宇宙一样的微粒有很多很多，那个宇宙是一个无限庞大的空间。这些宇宙空间组成一个连环结构。当走到宇宙边缘时，便会观测到这一全貌。

不同维度的宇宙交织

在弦理论框架下，宇宙任何区域的物质本质都由一维的弦构成——其振动模式决定了基本粒子的性质。不同的弦层面，粒子之间遵循的物理规则是不一样的，这就使得不同维度的宇宙空间会交织在一起。这种交织状态是颠覆所有人认知的，甚至可能超出了人类的理解能力。然而，一旦我们能够突破技术壁垒，打破弦的束缚（如果可能的话），来到宇宙的“边界”，或许可以看到从未见过或想象不到的场景。

宇宙就像一个巨大无比的“气球”，有暗能量的存在，让这个气球不断地膨胀。而且我们至今还不能确定宇宙膨胀的速度是多少，这意味着人类所能观测到的宇宙范围是有限的。也就是说，只要宇宙膨胀不停止，我们就永远无法碰触到宇宙的“边界”。

⊙ 根据弦理论，不同维度的宇宙可能会交织在一

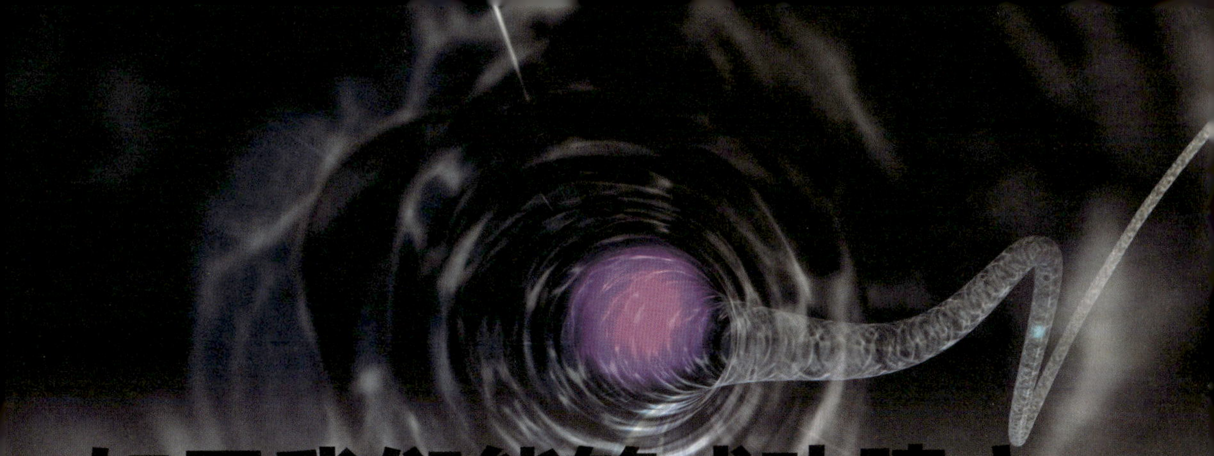

如果我们能够成功建立虫洞，那会怎样？

你或许对虫洞不甚了解，但你一定听说过它。在韩剧《来自星星的你》中，男主角就是利用虫洞穿梭于宇宙之间。

虫洞是 1916 年由奥地利物理学家路德维希 · 弗莱姆首次提出的概念。20 世纪 30 年代，爱因斯坦和纳森 · 罗森发表了与“虫洞”相关的文章，虫洞的学名也叫作“爱因斯坦 - 罗森桥”。文章指出，宇宙之中或许存在一种狭窄的隧道，可以连接两个不同的时空，通过这个隧道就可以实现瞬间的时空转移。1957 年，美国物理学家约翰 · 惠勒正式将这个充满奇幻色彩的狭窄隧道命名为“虫洞”。

什么是虫洞?

如果把时空看成一个苹果，一只虫子想要从苹果的一个地方去往另一个地方，它不选择沿着苹果外表面行进，而是在苹果内部打通一个洞穴。这个洞穴是虫子从苹果的一个点到另一个点的捷径，虫洞也是如此，是连接时空中两个点的时空隧道。

根据广义相对论和量子理论，大爆炸发生之后，宇宙处于一种“混沌”状态，

⊙ 和黑洞一样，虫洞也是宇宙中颇为神秘的存在

没有明确的时间、空间和方向，有的只是量子涨落产生的量子泡沫。随着宇宙膨胀，量子泡沫可能演化成时空泡沫，泡沫之间通过理论上存在的“细小”隧道连接，这些隧道被设想为“虫洞”。也就是说，虫洞相当于连接宇宙空间的“毛细血管”。

科学界普遍认为，宇宙中有两种主要的虫洞：一种是“洛伦兹虫洞”，这种虫洞是一直存在的，可能存在于黑洞或是宇宙其他的地方。例如，在宇宙空间中打开两个开口 A 和 B，从 A 到 B 有两条路线，如果一对父子各自驾驶飞船，父亲通过虫洞从 A 穿越到 B，儿子不通过虫洞到达 B，父子俩到达 B 点会合时，父亲的年龄可能比儿子要小很多。“洛伦兹虫洞”经过改造之后，理论上可以用作“时光隧道”。

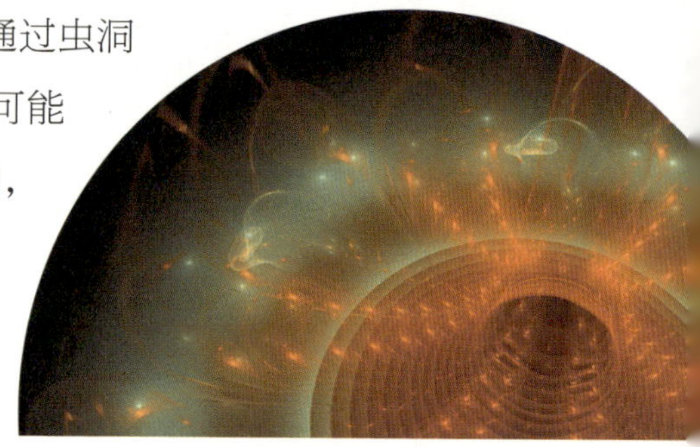

⊙ 经过改造后的“洛伦兹虫洞”，理论上可以用作“时光隧道”

而另一种是“欧几里得虫洞”，这种虫洞是瞬间存在的，类似于瞬间移动，就好像哈利·波特魔法世界的“幻影移形”一样“来无影、去无踪”。

⊙ 科学家已经模拟出了“全息虫洞”

2022 年 12 月 1 日，《自然》杂志封面刊登了“全息虫洞”图像。这是用量子计算机模拟出来的“全息虫洞”，一个微小的时空隧道，两端都连接着黑洞。

在真实宇宙中，信息穿越虫洞通常是通过引力介导的。然而，在“全息虫洞”的模拟中，科学家用量子效应代替了引力。也就是说，在“全息虫洞”的模拟中，信息通过量子纠缠态在不同位置之间传送。所谓的信息实际上是包含量子态的信号，即一个量子比特，它可以处于 1 和 0 的叠加态。

这次“全息虫洞”模拟虽然只是一个微小的量子系统，但与真实虫洞的理论有很强的相似性。那么，如果我们在真实世界中构建一个虫洞，会发生什么呢？

空间捷径

星际旅行的时间大幅缩短，按照常规方法，类或许需要耗时数万年才能抵达另一颗恒星，一构建了虫洞，星际旅行便拥有了捷径，可以瞬间抵宙的另一端。

人类可以去往遥远恒星系中的行星，去探索与地相似的、适合人类居住的星球，去探索系外生命的踪迹。人类就像乘坐飞机往返于各个城市一样，通过虫洞往返于地球和其他星球，也可以通过虫洞实现穿越，进行外太空布局。

宇宙传送

以我们目前的认知，任何物体的运动速度都不可能达到甚至超越光速。但由于宇宙的膨胀，一些星系正在以超光速远离我们，也就是说宇宙中有一些区域是我们无法通过常规手段到达的。一旦有了虫洞，它可以在时空中创建捷径，不受光速的限制，让我们可以去宇宙中任何想去的地方旅行！

时间机器

虫洞作为一种理论上的时空隧道，不仅可以连接宇宙中的遥远区域，还可能成为时间机器，让科幻作品中的时间穿越成为现实，人们可以在虫洞的时间通道中回到过去或前往未来。

那么，应该如何创造虫洞呢？

⊙ 除了空间转移以外，虫洞还能帮助人类实现“时间旅行”

找到负能量源

作为一种时空扭曲的现象，虫洞是极其不稳定的，容易在短时间内坍缩，此时需要负能量源来抵消这种趋势。

根据物理学家的推算，想要维持一个半径仅为 1 厘米的虫洞，就需要相当于地球质量的负能量物质。如果想实现时空穿梭，所需要的虫洞半径至少为 1 光年，这意味着需要极其巨大的负能量物质。不仅如此，这种负能量可能会让周围时空膨胀，因此必须用一些高端的技术手段来存储和控制它。

寻找虫洞

在宇宙中，虫洞可能会小规模地连续形成或消失，我们所需要做的就是通过高度复杂的技术来捕捉它们。1955 年，物理学家约翰·惠勒提出了量子泡沫理论，认为通过超级显微镜和粒子加速器，我们或许能够看到或探测到这些微小的虫洞。

搭建时空桥

一旦虫洞被负能量稳定下来，就可以将其搭建成一座时空桥。宇宙飞船就可以通过虫洞实现时间和空间的穿越，帮助我们探索更远的星球，甚至可以前往未来或回到过去。

以目前的天文学研究，人类还没有在宇宙中找到虫洞存在的任何证据。但虫洞的确给我们实现时间旅行和空间旅行带来了希望。比如，从宇宙的一个地方穿越到另一个地方，从一个宇宙穿越到另一个宇宙，或是从现在穿越到过去或未来等。希望在不久的将来，人类真的可以在宇宙中建造出一个真实的虫洞，揭开虫洞的神秘面纱！

如果太阳系更靠近银河系的中心，会发生什么？

从古至今，人类对于神秘宇宙充满探索的欲望，也对深处的银河系充满各种幻想。例如在我国古代神话中，人们把银河系视为一条横挂在天上，分隔牛郎织女的“河”；而在希腊神话中，古希腊人更是将银河想象成天后赫拉的乳汁……

直到伽利略用望远镜观测银河，人类才得以真正窥见银河的一角，原来那是由上千亿颗恒星构成的。

银河系结构

银河系本身是一种棒旋星系，呈椭圆盘形，具有像饼一样的盘面结构。盘的直径约为 10 万光年。银河系中的恒星、暗物质粒子、星际气体和尘埃等在引力的作用下聚在一起，并不断旋转。银河系的主要组成结构包括核球、银盘、银晕、银核、银冕和银河系旋臂族。恒星在银河系盘内的分布非常不均匀，银河系旋臂的结构依然不太确定，主旋臂的数目和结构仍有争议。

2010 年，中国科学家在参与的贝塞尔脉泽巡天计划中，发现银河系的第一、二象限有五条螺旋状的旋臂从银河系中心缠绕延伸出来，根据到银河系中心的远近，依次是矩尺臂、英仙臂、本地臂、人马臂和盾牌 - 半人马臂。太阳系位于英仙臂和人马臂之间的本地臂内侧区域，距离银河系中心约 3 万光年，并以 220 千米 / 秒的速度围绕银心运转，约 2.4 亿年转一周。

◎ 银河系是一个棒旋星系，呈椭圆形

◎ 银河系的中心被发现存在一个黑

银河系究竟有多大？科学证据表明，银河系恒星的总质量为 500 亿 ~600 亿个太阳质量。也就是说，在我们眼中如同巨无霸一般的太阳，在浩渺的银河系中，就如同一只蝼蚁。

太阳系一直处在银河系的边缘。网上流传着一种说法，太阳绕银河系每公转一周，就会向银河系的中心靠近 2000 光年。按照这种说法，大约在太阳绕银河系公转 15 圈，也就是 34.5 亿年之后，太阳系就会落入银河系中心的黑洞之中。

不过，这种说法并没有任何科学依据。但是如果太阳系更靠近银河系的中心，会发生什么呢？

增加天体碰撞概率

有数据显示，银河系中心附近的恒星密度大约是太阳系所在区域的数十万倍。这意味着，一旦太阳系靠近银河系中心，太阳与周围恒星之间的距离会大幅缩短。高密度环境下，其他恒星或是星系会对太阳系产生巨大的引力扰动，使得太阳系行星和其他天体偏离自己的轨道。引力扰动导致的轨道混乱，会显著增加天体碰撞概率。

地球将会受到致命辐射

假如太阳系离银河系中心更近一些，地球将会受到足以让所有地球生物灭绝的辐射。在靠近银河系中心的位置聚集着大量的恒星，远比我们现在所处位置的恒星数量多得多。恒星越多，发生超新星爆发的可能性就越大。若爆发发生在约 50 光年以内，地球将受到致命辐射。虽然有数据显示，自 17 世纪以来，银河系中不曾发生过超新星爆发，但这并不意味着太阳系靠近银河系中心之后，超新星爆发就不会发生。

⊙ 恒星越多，发生超新星爆发的可能性越大

地球进入冰河世纪

银河系中心附近不仅恒星密集，气体和尘埃的浓度也要远高于太阳系所在区域。一旦尘埃过厚，将会阻挡阳光直射地球。缺少了太阳光的热量，地球温度将会逐渐下降，最终可能进入漫长的冰河时代。

进入银河系中心，恒星和尘埃密度过高，会给地球生命带来灭顶之灾。无论哪种高级生命，都无法在银河系中心发展。你或许会问，那太阳系迁移到银河系更边缘的位置呢？虽然银河系更边缘的区域恒星分布稀疏，但那里缺乏足够的重元素，高级生命出现的可能性极低。

⊙ 缺少阳光照射的热量，地球温度下降，或因此进入冰河世纪

如果水星和太阳之间有一颗行星，会发生什么？

⊙ 曾经位列太阳系第九大行星的冥王星

2006 年，在国际天文学联合会上，太阳系原第九大行星——冥王星被降级为“矮行星”，不再属于传统意义上的“行星”。自那以后，太阳系的行星数量被确定为八颗。天文学家们继续对行星及其卫星、矮行星以及其他小天体进行深入研究，通过探测任务、天文观测和理论模型等手段，不断拓展我们对太阳系的认知边界。

祝融星猜想

1846 年，德国天文学家伽勒根据法国天文学家奥本·勒威耶推算的海王星的轨道位置观测到了该行星。在推算的过程中他发现水星的运动偏离了牛顿引力理论预言的轨道，于是他大胆推测在水星运行轨道的内侧，也就是太阳和水星之间还存在一颗行星，两者存在引力作用，导致水星的近日点发生偏移。

1859 年，勒威耶公开陈述了自己的假设，并以罗马神话中的火神（Vulcan）命名了这颗假设中的行星，中文将其翻译成“祝融星”。他认为，这颗行星之所以未被观测到是因为它与太阳的距离太近，被太阳的光芒掩盖了。

然而就在祝融星猜想提出的第二年，发生了日全食。在那天，一大批天文学家踏上了寻找祝融星之旅，可惜连祝融星的影子都没找到。之后的半个世纪里，无论是天文学家还是爱好者，都没有放弃寻找祝融星。但这颗传说中位于水星和太阳之间的行星就像幽灵一般，不曾现身。1915 年，爱因斯坦对水星轨道参数进行了演算，发现水星轨道的异常是由引力场的弯曲效应导致的，而非由另一颗行星的引力作用引起的，从而彻底排除了祝融星存在的可能。

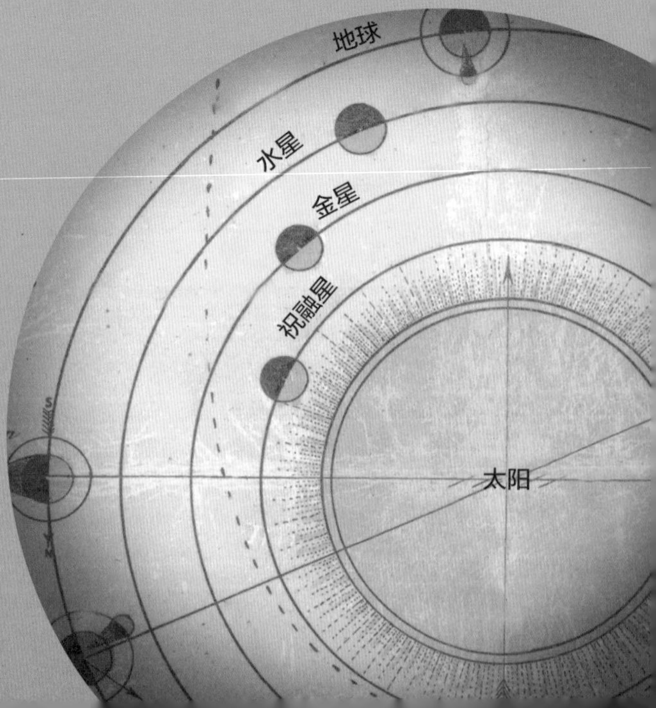

⊙ 祝融星的猜想（1859 年）

⊙ 水星是离太阳最近的行星

难得一见的水星

水星是目前已知的离太阳最近的行星，也是太阳系里体积最小的行星。但这颗行星却充满神秘感，平时我们很难在地球上看到它的身影。我们想要观测水星，就必须朝向太阳的方向。然而，白天的时候，水星虽然与太阳一同出现在天空中，但由于天空太过明亮，难觅水星踪影。而深夜，太阳又在地球的另一边，我们就背对着水星，也看不到水星。只有在黎明或是黄昏时分，太阳光被遮住，人类才能在地球上观测到水星。

如果真如勒威耶所推测的，水星和太阳之间存在这样一颗行星，那它会是什么样的？

八大行星的“体温”

八大行星的“体温”与距离太阳的远近有关。但也有特例，比如金星。虽然金星距离太阳比水星远，但是金星周围有厚重的大气层，其中富含二氧化碳等温室气体，温室效应使得热量被束缚在大气层中无法散出，导致金星“体温”更高。

只要温度在绝对零度之上，物体就能够释放红外辐射，温度越高，红外辐射能量越高。科学家使用红外探测器感知太阳系行星温度，发现金星平均地表温度约为 464 摄氏度，水星平均地表温度约为 167 摄氏度，地球平均地表温度约为 15 摄氏度，火星平均地表温度约为 −63 摄氏度，土星平均地表温度约为 −140 摄氏度，木星平均地表温度约为 −110 摄氏度，天王星平均地表温度约为 −195 摄氏度,海王星平均地表温度约为 −200 摄氏度。

炙热无比

太阳系八大行星表面的温度各不相同，一般由行星与太阳之间的距离决定。水星由于距离太阳很近，表面的平均温度大约为 167 摄氏度，那么位于太阳和水星之间的行星将会灼热无比。

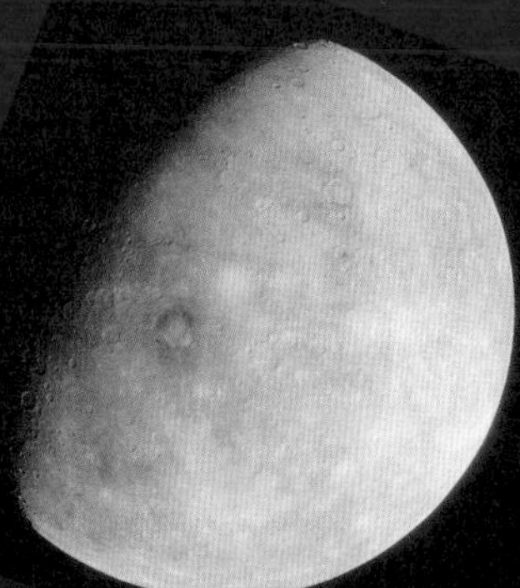

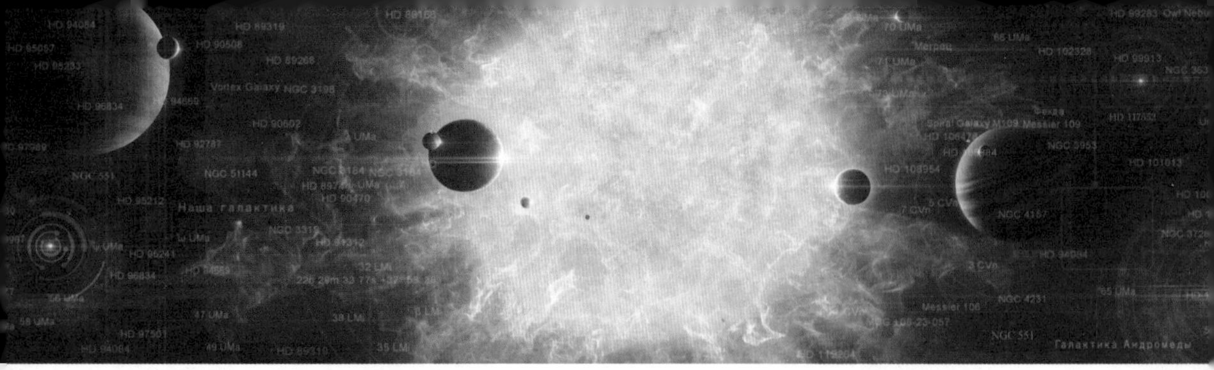

⊙ 距离太阳越近的行星，越容易受到太阳的影响

寸草不生

由于距离太阳非常近，强烈的太阳风和太阳辐射会让这个行星寸草不生，而且如果行星磁场强度较小，无法保留住大气层，失去了保护罩的行星更是荒凉。

被太阳吞噬

理论研究表明，行星的轨道演化主要受引力相互作用、恒星演化的影响。当太阳演化到晚期阶段，进入红巨星阶段时，其体积将膨胀至 1~2 个天文单位，可能吞噬内行星。因此，距离太阳较近的行星可能会被太阳吞噬。如果存在一颗位于太阳和水星之间的行星，它也不会例外，其命运将受到类似的物理机制支配。

科学发展到现代，很多科学家早已不相信太阳和水星之间存在一颗小行星。因为在科学家看来，如果这颗行星存在，它早已成为一颗死寂的星球，甚至被太阳强大的引力所吞噬。也就是说，科学家们已经从根本上否定了太阳和水星之间存在小行星的可能性。

科学是一个不断发展的领域，随着技术的进步和新的观测数据的出现，现有的科学认知可能会被更新或修正。虽然目前科学家普遍认为太阳和水星之间不存在小行星，但未来的研究可能会带来新的发现。

Part3

如果你是计算机模拟的，会发生什么？

如果人类都直接用大脑沟通，会发生什么？

在电影《黑客帝国》系列中描绘过这样的场景：人类的大脑可以外接到设备上，直接通过脑电波进行交流和传递信息……

人与人之间的沟通一般通过语言、文字和动作（肢体语言）等方式，当大脑中闪过一个念头时，人们需要先将想法转化成语言或文字，再输出到外部环境中，当收到回复后，又需要对信息解码并反馈给大脑。这个过程不仅效率低下，容易使人感到疲劳，而且会因为信息传递过程中的多次编码和解码，造成信息失真。

有研究表明，人类大脑每天会产生大量的思维活动。通过功能性磁共振成像的量化分析，个体每天会经历 6000~12000 次可区分的思维片段，相当于每分钟 4~8 个。如果人和人之间可以利用脑电波进行交流，省去语言编码和肢体动作等步骤，只需要将想法从一个大脑直接传到另一个大脑，这样信息交流的效率会高很多。

大脑间的沟通可以实现吗？

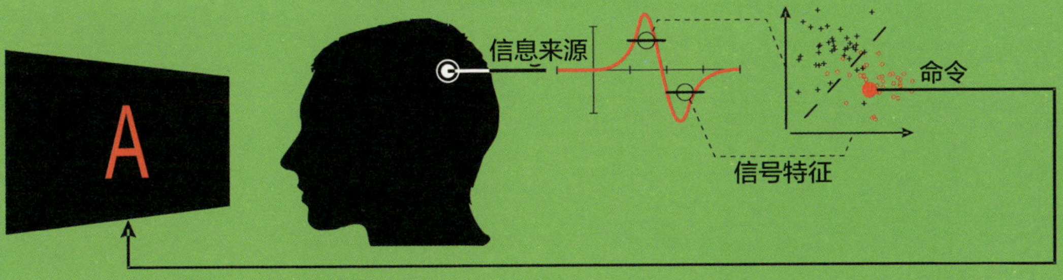

⊙ 脑机接口的原理其实并不复杂

2021 年，科学家们成功地解码了大脑活动，将一名瘫痪男子的脑电波转化成了文字，并在电脑上显示出来。

这位 36 岁的男子，在他 20 岁的时候因为中风失去了语言能力，研究人员通过手术在他的大脑皮层语言区植入电极，捕捉特定脑区的电信号。当研究者提问：“你想喝水吗？”时，他能够通过脑电波回答“不，我不渴。”并显示在电脑屏幕上。这项技术的单词识别准确率高达 75%。

如今，脑机接口正在高速发展，在不久的将来，或许我们可以将人类大脑中的信息和想法提取出来，并上传到网上。但脑机接口的发展还有很长的路要走，一方面面临着法律和伦理问题，由于脑机接口的植入需要对人脑进行开颅手术，涉及极高的风险和伦理问题，因此目前相关试验多集中在动物身上。另一方面，对这种脑机接口材料的要求很高，既要满足生物相容性，又要具备良好的导电性，同时信息输送速度还需要足够快。

如果我们能够通过大脑直接沟通，就可以在不发一言的情况下表达观点，并且读懂他人的想法。那么，这将会发生什么呢？

让我们先来看一个实验：有三个被试者分别待在三个不同的房间，共同完成一项任务，那就是定位一个方块，使其填补其他方块之间的空隙。其中两个被试者是信息的发送者，因为他们能够看到缝隙并知道是否需要旋转这个方块。而另一个人则是信息的接收者，他什么都看不到，只能依赖发送者发出的指令来行动。

研究人员给两个发送者都配备了脑电图仪，这种仪器可以用来记录他们大脑的电活动。当他们将注意力集中在一盏高频闪烁的灯上时，会发出改变的信号；而当他们的注意力集中在一盏低频闪烁的灯上时，则会发出不改变的信号。

不同闪烁频率的灯光让发送者的大脑产生不同的反应，接在被试者头上的脑电图仪会捕捉这些不同的反应，然后通过计算机转换成信号发送给接收者。接收者也配备了脑电图仪，他根据这个信号决定是否要旋转方块。研究发现，完成任务的准确率超过 80%。

⊙ 如果人类可以通过大脑沟通，我们每个人都能成为“脑联族”

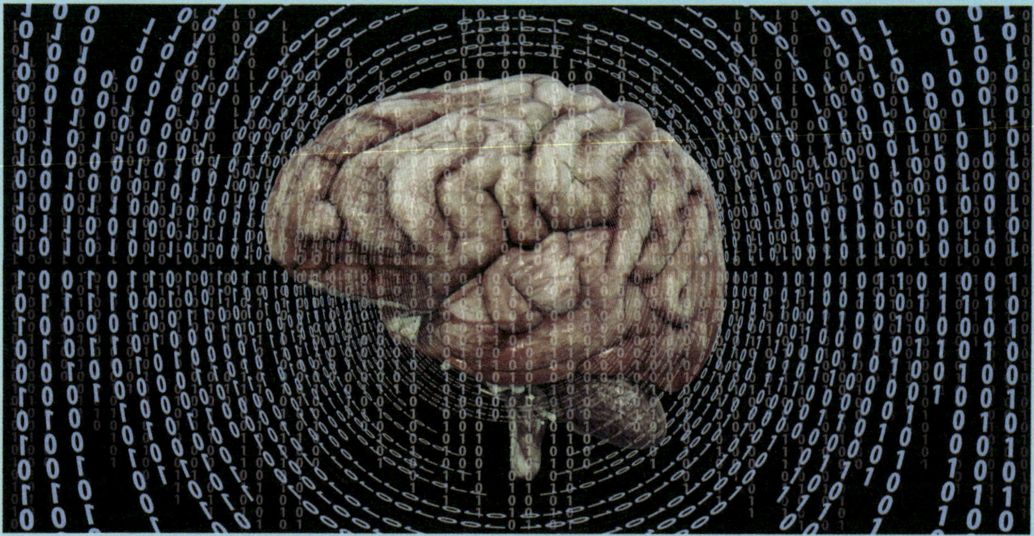

这项研究是有史以来首次将多个人类大脑通过完全非侵入式的方法连接在一起。研究者称，理论上可以联网的大脑数量是没有上限的。

当我们通过大脑进行沟通时，大脑之间将形成一个“脑联网”。在脑联网中，人类大脑中的电信号通过电极或电磁感应装置将神经电活动转换为磁脉冲，由计算机编解码系统实现信息交互，这使得人类合作变得更加快捷、高效、智能。

通过大脑直接沟通，人类可以克服语言障碍，特别是对于那些沟通能力受损的人来说，这可以说是一个福音。人类将能够相互分享更多的观点，变得更具有创造力，届时科技水平将达到一个难以想象的水平。

通过大脑沟通交流，由于减少了语言组织这一“障碍”，人类之间将更能协同合作，这会使火灾、突发疾病等应急救援服务在响应和实施过程中变得更加及时和高效。不久的将来，人工智能技术的应用将会有质的飞跃。人类将可以通过意识来控制手机、电脑、汽车等。

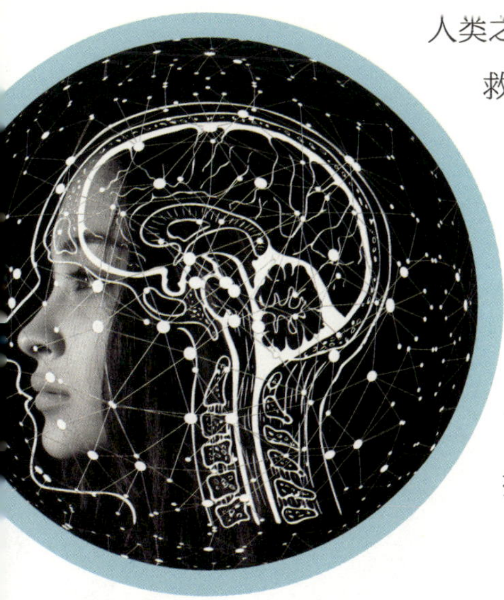

看到这里，你或许会有疑问，我们每天有成千上万个观点迸发，那如何控制这些思想的传递呢？我们可以对头脑中的念头进行筛选，选择一些同他人分享，这相当于将这些观点存放在数据库中，没有你的允许，他人无法随意查看。

如果你克隆你自己，会发生什么？

1996 年 7 月，一只名叫多莉的绵羊通过体细胞核移植技术诞生的消息传出后，克隆技术引起了全球关注。但你可能不知道的是，多莉并不是第一只被克隆出来的动物。

1952 年，美国科学家罗伯特 · 布里格斯和托马斯 · 金首次通过核移植技术克隆出蝌蚪（使用胚胎细胞核）。到了 1963 年，中国科学家童第周通过将鲤鱼囊胚细胞核移植到鲫鱼的去核卵细胞中，成功培育出第一尾杂种鱼。这是世界上首例跨物种核移植实验，为克隆技术的发展提供了重要基础。

此后，科学家们利用核移植技术陆续克隆出小鼠、牛、猪等二十余种哺乳动物。2017 年，我国科学家还克隆出了难度非常高的灵长类动物——猕猴。

⊙ 轰动全球的“克隆羊”其实并不是第一只被克隆出来的动物

⊙ 克隆技术的成功离不开细胞生物学与遗传学的发展

什么是克隆技术?

克隆技术可不是简单的复制。它指的是利用某个生物的部分基因或全部基因，在其他地方重现该生物的技术。克隆可以在多个层面完成，既包括分子层面的 DNA 片段复制，也包括细胞层面的遗传一致性细胞群培养，以及个体层面的基因相同的生物体培育。由一个体细胞获得两个以上的细胞、细胞群或生物体，由同一个来源的 DNA 产生一系列相同的 DNA 序列，这都是克隆。

克隆其实离我们的生活并不遥远。春暖花开的时候，喜欢摆弄花花草草的人常常会进行植物扦插：从一棵植株上剪下枝条，通过扦插就会得到许多遗传物质相同的植株，这就是克隆的一种简单方式。绵羊多莉的克隆采用的是“体细胞核移植技术”。这种克隆技术可以简单地分为三步：第一步，去除卵细胞里的细胞核；第二步，将体细胞的细胞核移植到已去核的卵细胞中；第三步，培养重组细胞形成胚胎，并移入雌性动物的子宫中，完成整个克隆过程。

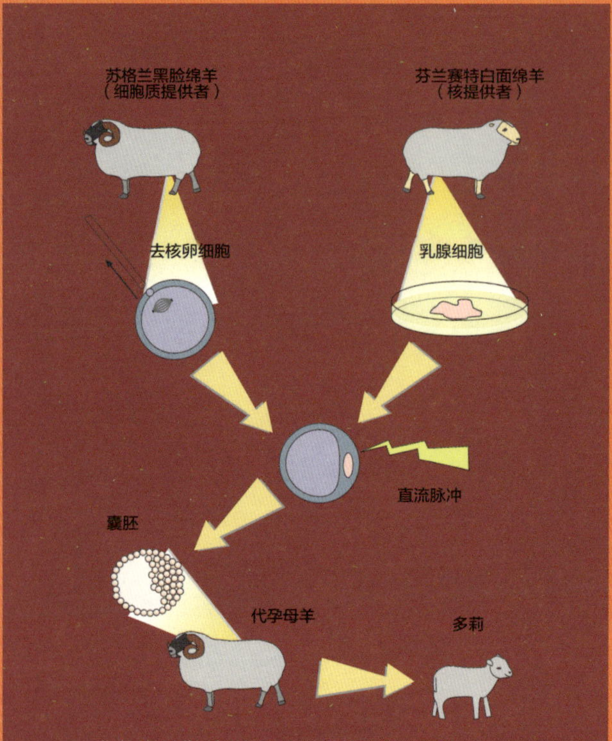

⊙ “克隆羊”多莉的产生过程

属于灵长类的猕猴已被克隆成功，那人类是否也可以被克隆呢？如果你克隆了自己的身体，会发生什么呢？

事实证明，不同生物的克隆难度存在显著差异。比如，狗比猫更难克隆，老鼠的克隆比狗的难度更大。人类则是目前技术上尚未突破的生物之一。灵长类动物克隆的主要障碍之一就是卵母细胞中纺锤体－染色体复合体结构精密。这种结构对细胞分裂起关键作用，移除细胞核时易导致关键蛋白丢失，使得胚胎发育异常困难。

但很难实现不代表实现不了。假设我们克服了这些生物学难题，成功克隆了一个自己，那么这个克隆体会是怎样的呢？是不是会跟自己一模一样？

这个克隆体不仅可能和你拥有不同的性格，甚至长得跟你也并不相同。即使同卵双胞胎的基因完全一致，表观遗传修饰和子宫微环境的差异也会导致外貌与性格的差异。有些双胞胎可能长得相似，但只要仔细观察，总能找到细微的不同，比如他们可能因发育过程中的随机因素而出现微小特征差异。

人类不仅仅是一串遗传信息，还拥有不同的性格、行为和外表，这些都深受生长环境的影响。人类可以复制自己的基因，但不能复制记忆和成长经历。你会发现，自己明明是个善良、随和的人，但你的克隆体却可能冷漠又刻薄。

克隆体的寿命也是棘手的问题，经常会出现多病及早夭的情况。这个克隆体很可能患有心脏、肝脏疾病，甚至大脑发育不完善，其免疫系统也可能非常脆弱。

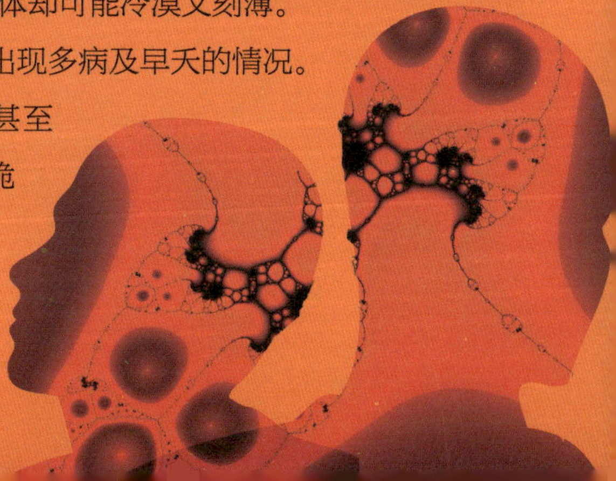

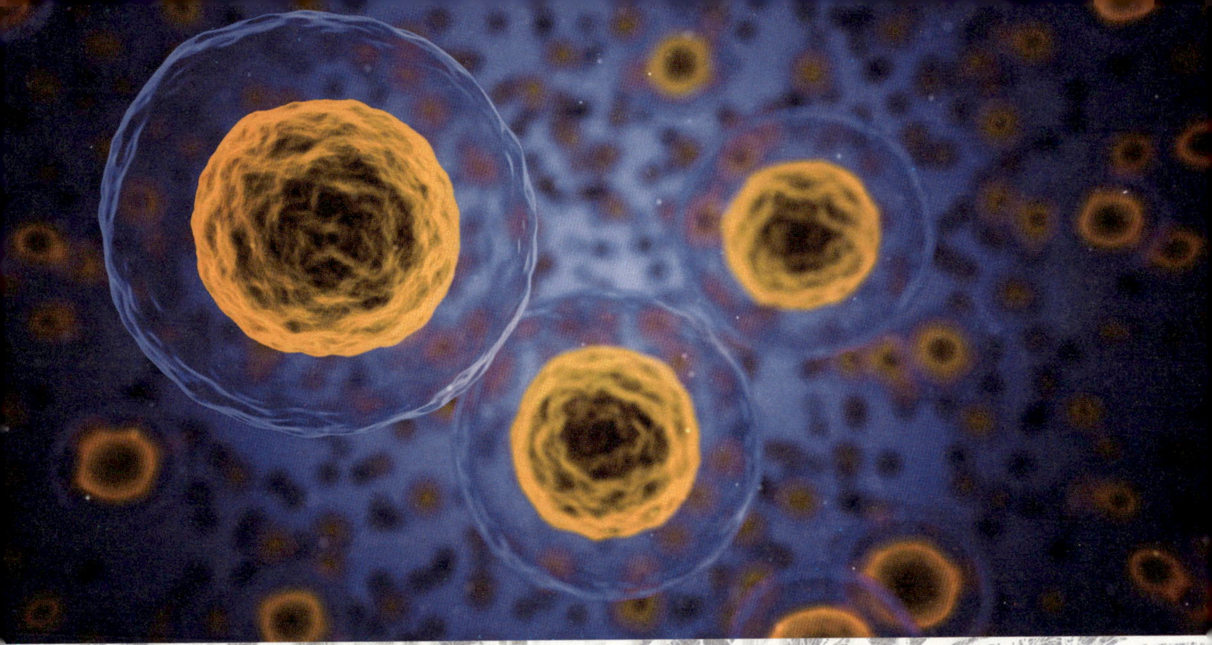

⊙ 研究发现：克隆体的细胞要比母体的细胞更容易老化

研究人员发现，克隆体的寿命最高只能达到供体的 95%，而且寿命长短存在很大的不确定性。许多克隆体的细胞要比供体的细胞老化得更快，所以克隆体可能会比供体衰老得更快，身体机能也会更早退化。

在地球上任何一个国家或地区，克隆人都是违法的。它背后有严重的伦理问题——克隆人的身份认定。无论你的克隆体最后能不能算作“人”，都避免不了被物化的结局。

从目前的研究来看，克隆技术在哺乳动物中成功率极低（如克隆猴的成功率不足 1%），胚胎发育异常率高的问题仍然困扰着科学家。基于国际法律与伦理共识，克隆人的出现还为时尚早。

如果克隆人合法化，而且技术上可以实现，你会选择克隆自己吗？

如果人变成冷血动物，会发生什么？

人类作为地球食物链的顶端生物，展现了非凡的适应能力和创造力。无论是极寒的北极圈、高海拔的安第斯山脉，还是热带地区的恶劣环境，人类都能通过智慧和技术找到生存和发展的方式。这种适应和改变环境的能力，使人类几乎可以在地球的任何角落建立家园，甚至将目光投向了更广阔的宇宙。

人类之所以能有如此广阔的宜居地，主要得益于温血动物的生理特性，温血动物可以通过神经 – 内分泌调节系统维持相对稳定的体温，以适应不同环境下的温度。

冷血动物和温血动物的区别

冷血动物，又称变温动物，是指没有体内调温系统的动物，它们的体温无法保持恒定，要依赖外界环境来调节体温。温血动物，又称恒温动物，指的是体温不受外界环境温度的显著影响，而是通过自身的新陈代谢和生理机制维持相对稳定体温的动物。

⊙ 除了温血动物，地球上同样生活着很多冷血动物

两者最大的区别在于体温调节的方式，温血动物的单位体重基础代谢率通常更高。一般来说，冷血动物主要依靠外界环境调节身体温度。例如，冷血动物蛇，有的时候会置身于午间的阳光下提升体温，有的时候也会到阴冷的洞穴里给身体降降温。而人类通过汗腺散热，人类的皮肤上有 200 万 ~500 万个汗腺，当环境温度过高时，大脑就会通知这些“汗腺”主动散热，一出汗体温便降了下来。

那么，如果有一天，人类的基因突变，变成了冷血动物，会发生什么呢？

饭量变小

第一个表现就是饭量变小。温血动物需要通过新陈代谢来调节自身体温，这意味着它们需要消耗更多的能量，因此必须摄入更多的食物来维持体温。而冷血动物依靠环境温度来调节体温，新陈代谢较慢，对于能量的需求不高。人类没有食物活不过几天，而鳄鱼就算几天不吃东西也不会感到饥饿。

我们一直将鳄鱼刻画成一个冷血无情的杀手，事实上，鳄鱼往往一年只需要吃 50 顿饭，平均一周吃一顿饭。而人类则需要一日三餐甚至更多。一旦人变成冷血动物，世界上也许不会再有人因为饥饿而死亡。

⊙ 作为冷血动物的代表，鳄鱼一年大约只吃 50 顿饭

大脑功能受限

人类大脑占体重的 2%，却消耗 20% 的能量。变为冷血动物后，在 20 摄氏度的环境里，大脑供能可能减少 50%，导致高阶认知功能下降，但通过晒太阳维持体温时，神经传导速度可提升 3 倍。这意味着智力表现将高度依赖所处的环境温度。

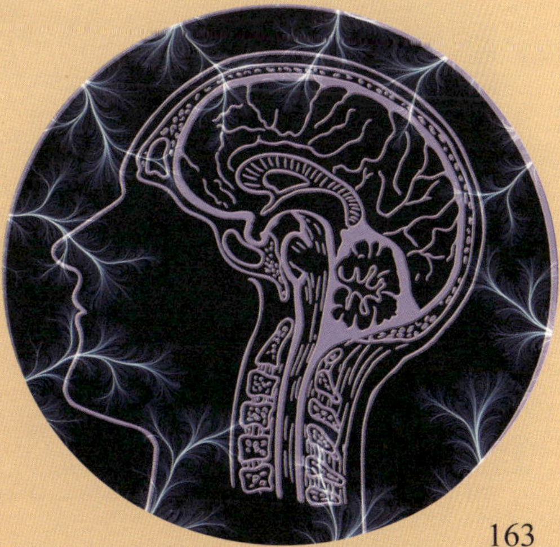

进入冬眠状态

人类的活动空间将大大缩少。作为恒温动物，我们只需要适当地增减衣物就可以生活得很舒适，甚至可以在南北极或是热带生活。一旦变成冷血动物，随机变化的气候就可能是生死攸关的大事。

我们会对能够保持（或增加）温度的外部物质形成更大的依赖，身体将会对外界温度的反应更加敏感。变成冷血动物之后，人类需要跟随昼夜温度变化调整活动时段，可能形成“正午活跃、夜间休眠”的新节律。

不易生病

当然，变成冷血动物之后，也有很多好处。人类的身体就像是一个恒温器，37摄氏度的适宜温度为细菌的滋生提供了良好的生存环境。不过，一旦变成冷血动物，体温会随着环境温度波动，这种不稳定的环境可能不利于细菌的生存。因此，变成冷血动物后，人类感染某些疾病的概率可能会降低。

细菌没那么容易在人体内存活，是不是就意味着我们一辈子都不会生病呢？不过事实也并非如此。因为冷血动物失去了对温度的调节能力，一丝丝的寒冷就会导致体温下降，一旦损害到身体的免疫系统，身体就会停止运作，完全无法抵挡疾病和感染。

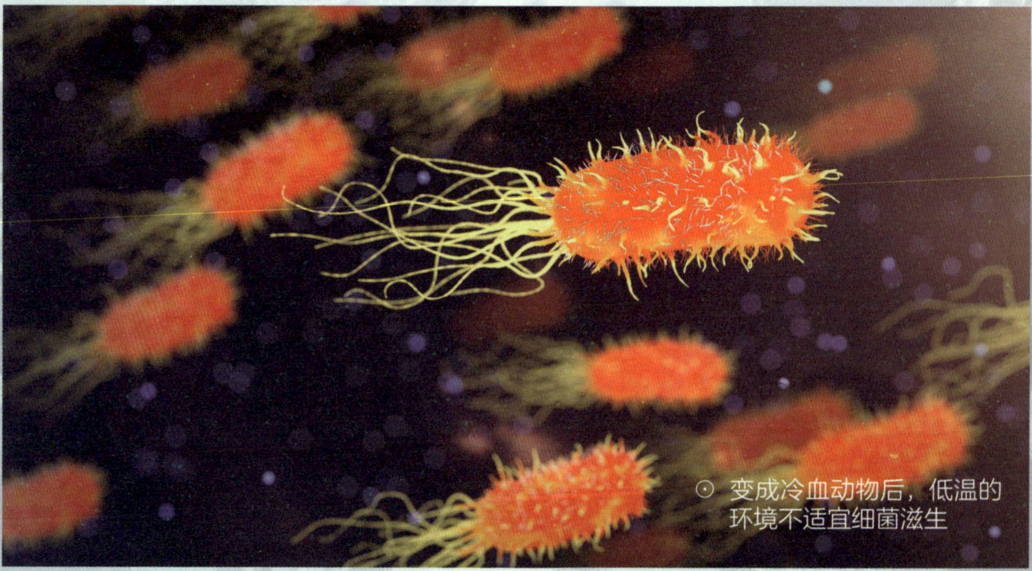

⊙ 变成冷血动物后，低温的环境不适宜细菌滋生

⊙ 如果变成冷血动物，人类或许比现在更适应生活在火星

或许更适应外太空生存

人们一直都在探索是否可以在火星上生活，一旦人类变成冷血动物，或许会更容易适应火星的环境。冷血动物更容易进入休眠状态，当人类进行星际旅行时，只需要进入不活跃、低消耗的睡眠状态就可以了，因为对食物的消耗量减少，人类将不需要携带过多食物和水，也不会感到孤独。当然，在火星上生活还有一个棘手的问题，那就是火星表面的平均温度在 -60 摄氏度，如果没有一定的保暖措施，即使是冷血动物也很难存活下去。

如果人类变成冷血动物，那人类的进化史将发生重大转折。我们不会像现在这样拥有发达的文明和科技力量，或许人类会变得懒惰、无社会性，就像现实世界中的爬行动物一样。

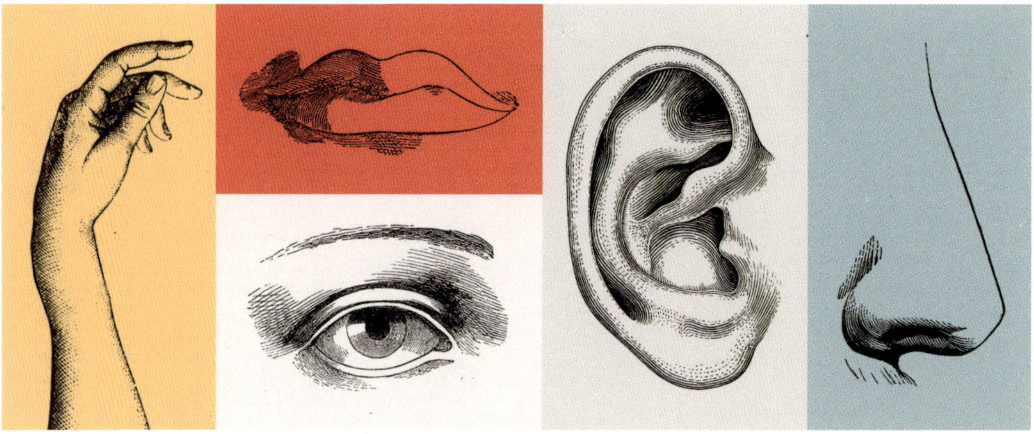

⊙ 触觉、味觉、视觉、听觉、嗅觉

如果你逐渐失去所有的感觉，会怎样？

浅薄而缥缈的层云，突然变脸，变成厚重乌青的积雨云，就预示着即将下雨；遍生青苔的苍黑色巨岩，用手指轻叩，便知坚硬为何物；甘之如饴得知糖是甜的，茶汤清苦得知茶之苦涩；耳边聒噪的蝉鸣，诉说着盛夏的热烈；蹒跚学步时的跌跌撞撞，痛却不肯放弃……

人类拥有视觉、听觉、嗅觉、触觉、味觉等一系列的感觉，这些感觉是我们的身体对外界刺激作出的反应，也是我们与这个世界相连、接收信息的一个重要通道。我们对客观世界的认识来自感觉：冷与热、轻与重、光滑与粗糙、甜与苦……

我们每做一个动作、吃一口饭、接触一个物体，都会用到感觉。感觉告诉我们发生了什么，以及如何应对各种突发性事件。在某些情况下，感觉可以告诉我们危险即将降临，并促使我们采取某些应对措施来保护自己。

假设你身处一个没有光、没有声音的环境，也触摸不到任何东西，会有什么感觉？

“感觉剥夺”实验

1954 年，心理学家贝克斯顿（Bexton）、赫伦（Heron）和斯科特（Scott）等人组织了一项“感觉剥夺”实验。接受实验的志愿者被要求躺在一个密闭的实验室里，戴上不透光的护目镜，手臂套上纸筒套袖，手戴上手套，腿脚也被固定住，然后打开空调，此时整个实验室里除了单调的空调声，已经没有任何其他声音。

开始的时候，大多数志愿者认为这是一件很轻松的事情，他们中的大多数都安静地睡着了。然而，8 小时后不断有志愿者提出要退出实验。烦恼、恐慌、失眠、不舒服的感觉如潮水般袭来。有志愿者开始喃喃自语。

两天之后，大部分志愿者产生视幻觉、听幻觉和触幻觉。第三天，志愿者出现了生理上的异常，如双手发抖、不能笔直地走路、应答速度迟缓、对疼痛不敏感等。

贝克斯顿等人发现，实验结束后的一段时间内，受试者仍处在注意力涣散的状态中，既不能理智思考，也基本丧失了短期记忆能力。这表明，感官刺激对人类心理和生理功能至关重要。

人类通过感觉与世界发生联系。我们通过不同器官去接收、加工、调节和整合信息，形成千奇百怪的“感觉”。当失去所有感觉时，会发生什么呢？

身体机能退化

如果一个人失去所有的感觉——看不见、听不到、碰不到，感受不到疼痛，也无法移动，那么他就像是与这个奥妙无穷的世界失去了联系。感官的丧失不仅会破坏人的生理功能，还会冲击认知体系，导致身心失调。最终，人的身体机能可能会停滞、萎缩和衰退。

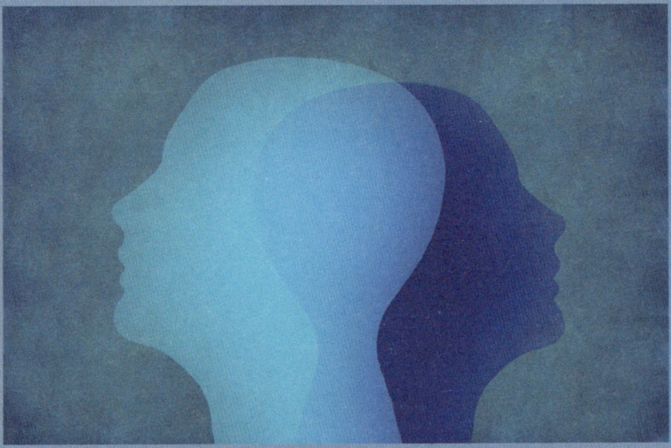

⊙ 失去感觉后，人很容易出现幻觉

注意力涣散

随着感觉的持续丧失，人会逐渐出现注意力涣散的情况，难以聚精会神地从事任何活动。思维也会出现混乱，无法清晰地思考问题。知觉能力的损伤，使人不能正常地进行感知和分析，想象能力也会出现畸变。感觉剥夺会击溃人的心理防线，使人陷入紧张、忧郁的情绪中，记忆力逐渐减退，判断能力下降，甚至可能出现各种幻觉和妄想。这充分说明，丰富的感觉刺激对维持我们生理和心理功能的正常状态是必不可少的。

我们的机体和神经系统在漫长的进化过程中，已经适应了在不断遭遇的广泛刺激中筛选有价值的信息。感觉正是维持神经机能正常状态的关键因素。一旦失去了感觉，外界的光、形、色、声、味等刺激便无法传递给感官，身体机能便会遭受严重损害。随之而来的是知觉、记忆、思维等高级认知能力的衰退。

感觉器官对于人类的重要性，绝不亚于水和氧气。希望大家能够好好爱护自己的感觉器官，不要等到失去时才懂得珍惜。

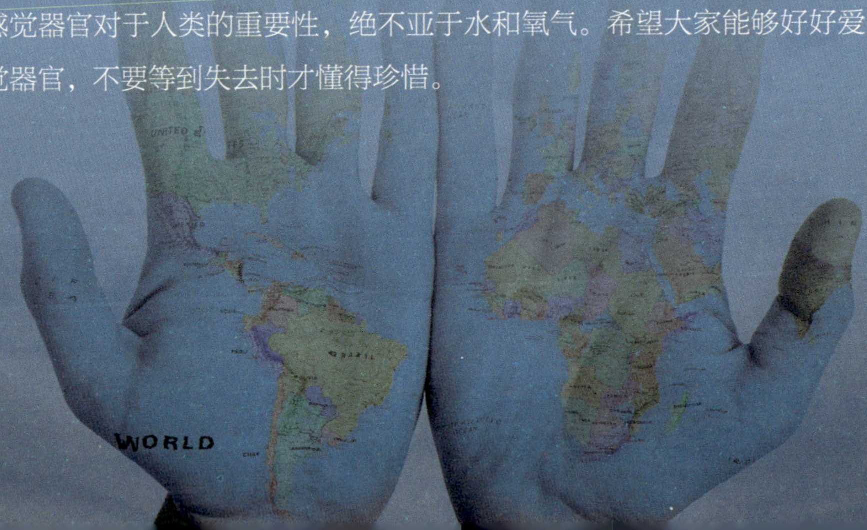

如果你是计算机虚拟的，会怎样？

“我们活在真实世界的概率可能只有十亿分之一。”特斯拉创始人、硅谷“钢铁侠”埃隆·马斯克在回答记者关于“我们是否可能生活在虚拟世界”的提问时，抛出了这一骇人听闻的言论。马斯克并非第一个提出这一观点的人。早在 17 世纪，法国哲学家勒奈·笛卡尔就曾提出类似的怀疑：我们可能是活在“虚幻世界”中的人，眼前的一切可能是“恶魔”制造的完美幻象。他所说的“恶魔”，在今天可以被类比为某种超级智能系统。

什么是人工智能？

⊙ 人工智能已经出现在我们的生活当中

人工智能(AI)通常被定义为通过算法和大量数据的训练使机器具备某些类人的思维能力，例如感知环境、逻辑推理、自主学习、解决问题等能力。“辅助驾驶系统”“自动驾驶”“无人驾驶汽车”等词语充斥着我们的生活，脑机接口也不再只出现在科幻小说当中。手机面部识别功能、语音助手功能，人工智能通过深度学习技术，极大地便利了人类的生活。而大数据分析技术能够根据用户的浏览记录推送个性化信息。目前的人工智能系统虽然能模仿人类的某些行为模式，但与人类真正的创造性思维仍有本质区别。对文明进步的好奇心和探求欲，正在推动着人工智能技术的持续发展。在科学界，一直都存在一种有趣的说法：人类世界可能是计算机模拟的产物。也就是说，物理规律可能是底层代码设定的，世界演化可能是程序运行的结果。

在马斯克的观点里，我们所处的宇宙已经存在约 138 亿年，而人类文明史仅约 1 万年。他推测，在更早的时间尺度上，可能存在某个先进文明，而人类可能是这个文明构建的虚拟世界中的存在。马斯克认为，就像游戏角色受程序驱动，人类的感知可能源于模拟系统产生的信号。

马斯克用电子游戏发展史佐证观点：1972 年诞生的 Pong 只有两个矩形和一个点，而 40 年后我们已经拥有逼真的 3D 模拟技术，并发展出虚拟现实和增强现实。如果技术呈指数级发展，千年后的模拟技术将难以想象。

根据模拟假说，宇宙可被视为运算系统，基本粒子可视为信息单元，物理规律对应算法规则。我们通过不同的运算，可以预测自然界中所有事物的行为。

例如，我们可以通过运动学公式计算汽车速度；我们可以通过计算机模型模拟生物演化过程；我们可以用数值模拟研究天体形成机制。

为了模拟人类社会，我们甚至可以使用简单的“智能体”。通过设定简单的规则，观察群体行为如何催生复杂系统。随着算力的提升，这些模拟结果也会越来越复杂，甚至可以部分地反映人类大脑的认知过程。一旦有一天，人类可以在短时间内创造出具备自我意识的“智能体”，这将进一步证明我们可能活在模拟程序中。

如果这一结论被证实，我们要对此作何反应呢？有人戏称最好的方式就是走出家门，享受生活，以防哪天高级文明的程序员对我们感到无聊了，他们可能会选择重启模拟器或者直接关闭系统，让一切重新开始。当然这只是句玩笑话。

⊙ 按照模拟理论，微观粒子相当于程序中的字节

⊙ 量子位和叠加原理是量子计算的基础

如果我们存在于模拟程序中，人类能否突破系统限制？

理论物理学家提出，量子纠缠现象可能与模拟系统的底层机制有关。如果我们的世界确实是量子计算机的产物，我们通过量子加密就有可能隐蔽自己的行为，甚至将自己转移到另一个模拟世界中，从而逃脱创造者的监控。

未来的人类若掌握更强大的计算技术，改变现在的世界模拟模式，创造亚原子级的模拟世界，到那时，我们的“程序员”也可能是更高级模拟中的存在。

科技的进步将会改变人类的定义，如果我们真的是模拟模型的话，你最想扮演什么？过怎样的生活呢？

当然，这一切都只是假设。

如果你可以冬眠，会发生什么？

每年霜降一过，随着气温的降低，刺猬、蝙蝠、旱獭等动物便钻进洞穴之中，将自己蜷缩起来，不吃东西也不挪动身体，彻底进入休眠状态。此时，这些动物的呼吸频率和心跳显著减慢，体温逐渐接近外界环境温度，新陈代谢率也降到了最低点。

冬眠是一些不耐寒动物度过不利季节的一种保护性习性。我们已知的会冬眠的物种有 200 多种，雌性黑熊在冬眠时还可以进行分娩和哺乳，肥尾鼠狐猴会在尾部储存脂肪来度过冬眠期，脂肪量可达体重的 40% 以上。

⊙ 保持适宜的体温，对于温血动物来说需要消耗能量

动物为什么会冬眠？

对于温血动物来说，维持相对恒定且适宜的体温需要大量的能量。当它们的能量和食物来源短缺时，生存就会面临巨大挑战。外界因素是导致动物冬眠的主要原因，主要有两个方面：外界温度下降和食物不足。对一些动物来说，冬眠是在食物和水储备不断减少，甚至威胁到生存的情况下，度过严冬的一种生存策略。

动物在进入冬眠状态之后，身体中甲状腺激素和肾上腺素水平显著下降。实际上，冬眠是动物节能的一个过程，当进入冬眠状态后，动物的呼吸、体温、心率和新陈代谢率都会下降。

有科学家发现，在冬眠动物的血液中有一种叫作“冬眠激素”的物质，它在调控动物进入和退出冬眠状态中起关键作用。这种物质在动物进入冬眠期前开始分泌，并在整个冬眠期间持续存在，起到调节动物生理状态的作用。科学家们还发现了两种会引发动物冬眠的基因PL和PDK-4。其中，PDK-4基因可以控制和激活一些酶，这些酶能够调节动物机体在严寒天气中减少糖的消耗，更多地利用脂肪作为能量来源，从而进入冬眠状态。然而，目前对于PL基因与冬眠的直接关系仍存在争议，需要进一步研究来明确其具体功能。

⊙ 北极地松鼠会从每年的10月到次年3月进入冬眠期

北极地松鼠会在冻土层下面挖洞休眠，当它们进入冬眠状态时，体温会从37摄氏度降低到0~5摄氏度，新陈代谢率会下降到原来的2%~5%。

相比之下，人类的体温相对恒定在37摄氏度左右，即使在睡觉时也只会发生细微的变化，体温变化哪怕几摄氏度都会对人体造成危险。所以，人类无法进入冬眠状态，但科学家们正积极投身于相关科研，通过人工手段将人类的体温降到足够低，使得新陈代谢率大幅下降，从而进入冬眠状态。

如果人类也可以冬眠，会发生什么呢？

由于每年都会有3个月处在休眠状态，理论上可能会通过降低新陈代谢率来减少细胞损伤和衰老，寿命可以大大延长，原本可以活75岁的人，可能会因此轻轻松松活到100岁。

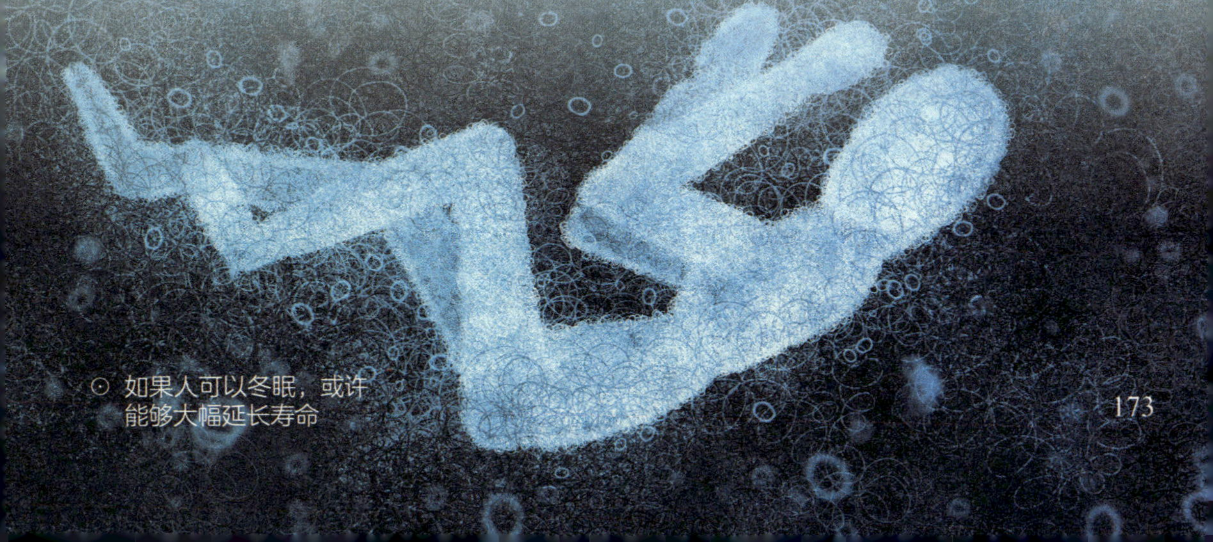

⊙ 如果人可以冬眠，或许能够大幅延长寿命

但是由于在冬眠期间，人类都会进入休眠状态，相应的生产活动将受到极大的影响，人类的智力发育和科技进步也会较现在更为迟缓。而且在休眠期间人类无法对自然灾害如地震、火山喷发等作出及时反应，可能会因此丧命，这使得寿命的延长反而显得失去了意义。

受到自然冬眠的启发，科幻电影中经常会出现这样的画面：宇航员躺进休眠舱，通过进入休眠状态来度过漫长的太空旅行。虽然这只是科幻电影编剧的一些想象，但这种技术一旦实现对宇航员来说有两大好处：一方面，进入休眠状态后，宇航员对昂贵的太空补给品的消耗会减少；另一方面，这有利于宇航员的健康。

⊙ 科幻电影或文学作品中，宇航员经常会在休眠舱里进入休眠状态

在太空中，宇航员必须每天坚持运动以防止肌肉和骨骼退行性萎缩，但是有一个现实问题，那就是想要在太空中运动实在太难了。如果能够进入冬眠状态，这个问题将得到有效解决。

那么，人类真的可以冬眠吗？

有科学家发现，一些生活在约 50 万年前的海德堡人的遗骨中存在明显的缺乏维生素 D 相关疾病的痕迹，并推测这些原始人在无光的环境中度过了很长时间，有可能他们在极度寒冷的气候中进入过类似冬眠的状态。这样做的好处是可以关闭人体中控制新陈代谢和体温的“恒温器”，有助于减少某些疾病的发生。

或许有一天，科学家可以揭开人类冬眠的秘密。未来有一天，我们可以借此实现星际穿越！

如果人类可以进行光合作用，会怎样？

植物可以通过光合作用，利用空气中的二氧化碳、根系吸收的水分以及光能，合成自身生长所需的营养物质，同时释放出人们赖以生存的氧气。

除了植物之外，自然界中的一些动物也可以借助与藻类共生的关系，间接进行光合作用。例如，绿叶海蜗牛能从自己吞食的藻类中获取叶绿体，通过这种方式，绿叶海蜗牛可以在一定时间内（通常为数周至数月）利用光合作用产生部分能量，减少对食物的依赖；斑点蝾螈的胚胎内部细胞中寄生着一种单细胞藻类，这种藻类似乎可以为它的寄主细胞提供氧气，并可能产生少量有机物，辅助胚胎的发育……

人类为什么没有进化出光合作用的能力呢?

⊙ 人和多数动物一样，需要能量来维持日常的活动

在人类和绝大多数动物的进化过程中，之所以没有朝着光合作用的方向发展，一个非常重要的原因就是光合作用所能产生的能量太少了，无法满足自身对能量的需求。

先来记住一个公式：每小时光合作用的能量 = 单位面积太阳能 × 光合作用效率。已知大气衰减之后，单位面积的太阳能不超过 342 瓦 / 平方米，光合作用效率一般为 3%~6%，我们取最高值 6%。

以一个成年男性为例，皮肤总面积约 1.9 平方米，理想状态下，有一半皮肤（约 1 平方米）暴露在阳光下，一天接受 12 小时的光照，那么通过光能转化每天可以获得 212 千卡的能量，这相当于一个白面馒头的

⊙ 只有皮肤细胞中充满叶绿体，人类才能进行光合作用

热量。如果考虑到实际因素的影响，比如太阳斜射、大气衰减、纬度差异、光照时间短、皮肤暴露面积小等，实际每天能获得 21 千卡能量就不错了。这相当于 1/10 个馒头的热量。显然，这种能量积累远远不足以支撑人类的日常需求。

人类必须通过进食外界的植物、动物来维持生命。那么，如果有一天人类变成了可以进行光合作用的“植物人”，会发生什么呢？

首先，身体会逐渐“变绿”。植物中负责将二氧化碳转化成糖分的关键物质就是叶绿素。所以，人类想要进行光合作用，就必须让皮肤里的细胞充满叶绿素，这些绿色分子能帮我们捕捉阳光，但也可能让人类变得绿油油的。从此，世界不再分白种人、黄种人和黑种人。每个人都是“绿种人”。

我们已经知道，只依靠光合作用产生的能量不足以支撑一个人日常的活动，除非人类变成变温动物，大部分时间都处于躺平、睡眠等不活动的状态，不需要为了维持 37 摄氏度的体温而消耗大量能量。

⊙ 为了充分地进行光合作用，人类可能会发展成为“绿巨人”

除了减少能量消耗，人类还需要不断进化，增加皮肤面积，要么变得像绿巨人一样体型巨大，要么变成扁平状，或者长出很多类似“瘤子”的突起，尽可能地增加与阳光的接触面积。一个成年人正常每天需要大约 2000 千卡的能量，按照上文去除实际损耗的方式计算，至少需要 100 平方米的皮肤面积来捕捉阳光，也就是现在皮肤面积的 50 倍。

如果进行光合作用，我们的皮肤将不再细腻，毛孔会变得异常粗大，像植物叶子上的气孔一般，让更多的空气进入。除了皮肤变得粗糙之外，还有一个弊端就是身体中的水分会通过汗液蒸发。为了弥补散失的水分，每天可能就不只需要 8 杯水，而是需要喝 20 升水才能保证健康。

一旦人类可以进行光合作用，我们的衣食住行都将发生巨变。房子、衣服、食物的重要性会大大降低，为了获得更多的阳光，人们会搬去赤道或是高原等阳光充足的地区生活。许多曾经人迹罕至的地方如湿地、冰川、雨林等，都可以成为适宜人类生存的地方。

由于人类的光合作用，温室效应在一定程度上可能会得到缓解，地球氧气含量将会大幅上升，甚至可能回到几亿年前地球氧气含量极高的年代。

人类一旦拥有了光合作用的能力，从某种角度看这可能被视为一种“退化”，因为人类文明的发展依赖于高度活跃的代谢和复杂的神经系统，光合作用无法满足这些需求，人类文明反而会变得越来越原始。因此，从进化角度看，人类是不会向这个方向进化的。毕竟抛弃光合作用，选择食物链这个进化路线，在几十亿年前就已经决定了。

但是随着科技的发展，未来的确有可能通过基因编辑和细胞改造的方法，让人类拥有光合作用的能力，成为一个真正的“植物人”！

如果你在跳伞时掉到龙卷风里，会怎样？

龙卷风来袭的场面极为震撼，成为灾难片导演常采用的题材。所到之处，房屋被掀翻，车辆被卷起，树木被连根拔起，动物被卷走，成片的庄稼瞬间被毁……龙卷风的破坏力令人胆寒。

我们居住的地球有着自己的"暴脾气"，龙卷风就是其中的一种。龙卷风是一种出现在大气中的强大涡旋现象，好发于夏季的雷雨天气。当龙卷风发生时，天空中会出现一根漏斗形风柱，上端与云相接，下端或是悬在半空，或是延伸到地面或海面，一边旋转，一边向前移动。远远地看去，就像是一条腾云驾雾的巨龙。

⊙ 在灾难片中，我们经常能够看到龙卷风侵袭的情节

龙卷风是如何形成的？

⊙ 龙卷风是由雷暴云的升降气流切变所形成的

龙卷风是一种空气漩涡，它与强雷暴云中强烈的升降气流有关。当雷暴云中的升降气流之间发生很强的风切变时，水平方向上会形成强烈的涡旋。涡旋越转越细，越转越快，形成一个漏斗状的上升气流，并向下伸展，构成龙卷风的核心部分。当向下发展的涡旋触及地面时，地面气压急剧下降，同时风速急剧上升，从而形成一个完整的龙卷风。

因此，龙卷风可以被形象地描述为从雷暴云中延伸下来的巨大的漩涡状气柱，它与地面接触时，回旋的风会产生巨大的破坏力。龙卷风风速最强可以达到419~512 千米 / 时（EF5 级龙卷风的最高风速范围），这一速度远超过高铁的运行速度，足以将所经之处的房屋夷为平地。

在龙卷风发生前，大气条件通常会变得非常不稳定，天空可能会出现黑色的积雨云，伴随着电闪雷鸣，空气会发生强烈对流，同时气压也会明显降低。此外，暴雨、大风、冰雹等现象也常被视为龙卷风发生的前兆。

⊙ 龙卷风出现时通常伴随有电闪雷鸣和乌云密布

龙卷风是个“无敌破坏王”，所经过的地方，树木连根拔起，车辆被掀翻摧毁，建筑物倒塌，沦为一片废墟，人也可能被卷入其中。如果一个人在跳伞的时候，不小心被卷入了龙卷风，会发生什么呢？

第一重挑战：寒冷

当被卷入龙卷风时，首先会感受到一阵寒意袭来。这是因为龙卷风通常形成于强雷暴云下方，其气流会将高空的冷空气卷入其中。随着高度的增加，气温会逐渐降低（每升高 100 米，气温下降约 0.6 摄氏度），而龙卷风内部因剧烈湍流，实际温度可能远低于同高度环境温度。此外，伴随的暴雨和冰雹会加速体表热量流失，加剧失温风险。

第二重挑战：旋转失能

如果你本身比较耐寒，或者穿着厚重的衣物，躲过了第一重挑战，等待你的就是极速旋转。你会和被龙卷风卷起的杂物一起在风中旋转，就像滚筒洗衣机里在被甩干的衣服，在风中极速甩动，引发严重的眩晕、呕吐，甚至导致意识丧失。极端情况下，人体器官可能因内部压力失衡而受损。

第三重挑战：低压窒息

龙卷风中心气压极低，可能比周围环境低 100 百帕以上。这种气压梯度会导致人体内外压力失衡，引发肺泡破裂、鼓膜穿孔等气压伤。同时，低气压环境会降低血液中的氧分压，加剧缺氧症状，可能直接导致昏迷。

第四重挑战：高速撞击

由于龙卷风风速极快，所到之处无论是建筑残骸、金属构件还是花草树木碎片，都会随着强大的升力被卷上高空。因此，人体暴露在外时，被击中的概率极高，且任何撞击都可能造成致命伤害。此外，碎片间的碰撞可能产生二次伤害，进一步增加生存风险。

第五重挑战：坠落冲击

被卷入龙卷风之后，你可能会被带到极高的高空，等到龙卷风结束之后，等待你的就是以自由落体的速度坠落。不过，若你此时背着降落伞，并且意识清醒，那么打开降落伞，就能逃过一劫了。

⊙ 被龙卷风卷入后，它可能会将你带到百米以上的高空

龙卷风虽然破坏力很强，但好在影响范围小，一般直径不足 1 千米，而且持续时间较短，只有几分钟到几十分钟。

所以，在发生龙卷风时，一定要躲在家中，找一个相对结实的位置，蹲下来，用软的物品保护好自己的头部，远离门窗和容易倒塌的物品。如果有地下室，就尽量躲在地下室中。

如果刚好在室外，可以找到地势低洼的地方躲避，脸朝下，保护好头部，切记一定要远离大树、电线杆、危房等，以免被砸伤。

⊙ 你能想象有一天人会和机器结合起来吗？

如果人工智能超越了人类，我们怎么办？

如果你听说过或是玩过游戏《赛博朋克 2077》，那你一定不会对“赛博格”或“改造人”感到陌生。在这款游戏中，每个人都是半人半机器的“赛博格”，他们拥有功能强大的机械手臂或机械腿，可以完成现实世界中不可能完成的各种任务。

2022 年 6 月 15 日，世界上第一位“半机械人”、英国科学家彼得·斯科特－摩根（PeterScott-Morgan）博士去世，享年 64 岁。2017 年 11 月，彼得突然得知自己罹患肌萎缩侧索硬化（ALS），即俗称的“渐冻症”。

渐冻症患者大脑和脊髓中与运动有关的神经元会逐渐死亡，导致运动、进食、呼吸等能力逐渐减弱，直至完全丧失。大约 80% 的患者在确诊后的五年内去世，知名物理学家斯蒂芬·霍金生前便饱受渐冻症的折磨。为了与死亡抗争，彼得决定将自己改造为“赛博格”，以“彼得 2.0”活下去。

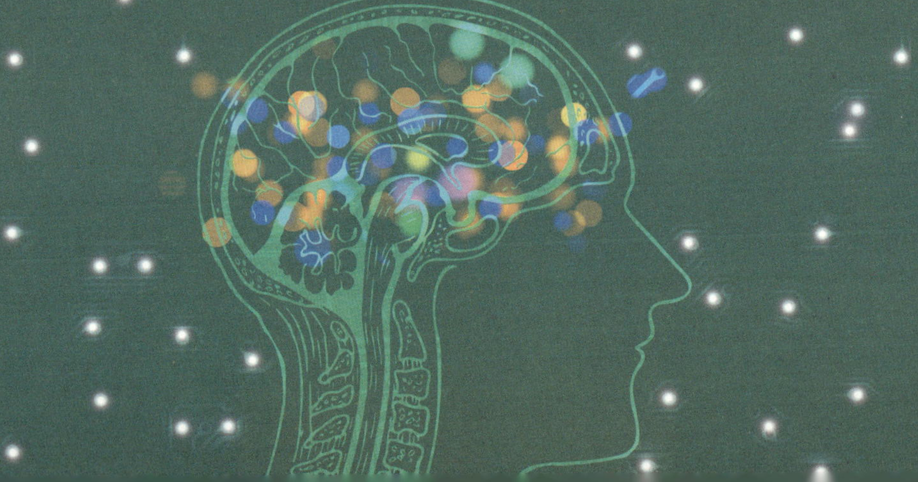

无处不在的 AI

⊙ 人工智能是目前世界上最为尖端的科技之一

人工智能（AI）是目前世界上最为尖端的科技之一。它于 1956 年在达特茅斯学会上正式被提出。人工智能已成为计算机科学的重要分支。AI 在教育、金融、交通、医疗、家居、游戏娱乐等领域的应用日益广泛。

借助语音转文字服务，听障人士可以“听见”声音，实现正常交流；通过 AI，人们可以远程操控家用电器，同时保障使用安全；计算机视觉和自动控制技术实现了无人驾驶；酒店住宿时的身份核验，机场和火车站的人脸识别……这些看似前沿的技术，正悄然服务于每个人的生活。

2022 年 11 月末，OpenAI 公司开发的聊天机器人 ChatGPT 正式上线，并立刻引发全球关注，仅仅 5 天时间，注册用户就超过百万。那么，它有怎样的魅力呢？

ChatGPT 能够通过学习和理解人类语言与用户对话，甚至能撰写论文、创作诗歌、编写文案、翻译和编写代码。它堪称人工智能发展的新里程碑，仿佛科幻电影中能够自主对话的机器人走进了现实。

ChatGPT 是如何理解人类的语言呢？首先，它通过庞大的语料库进行预训练，然后利用上十亿个参数对内容进行打散、标记和强化学习，构建起复杂的预测和反馈模型，这其实与人类大脑的学习和思考模式有很多相似的地方。

此外，ChatGPT 还整合语音识别、情感分析、对话流引导、情感表达等技术，使其更加人性化。

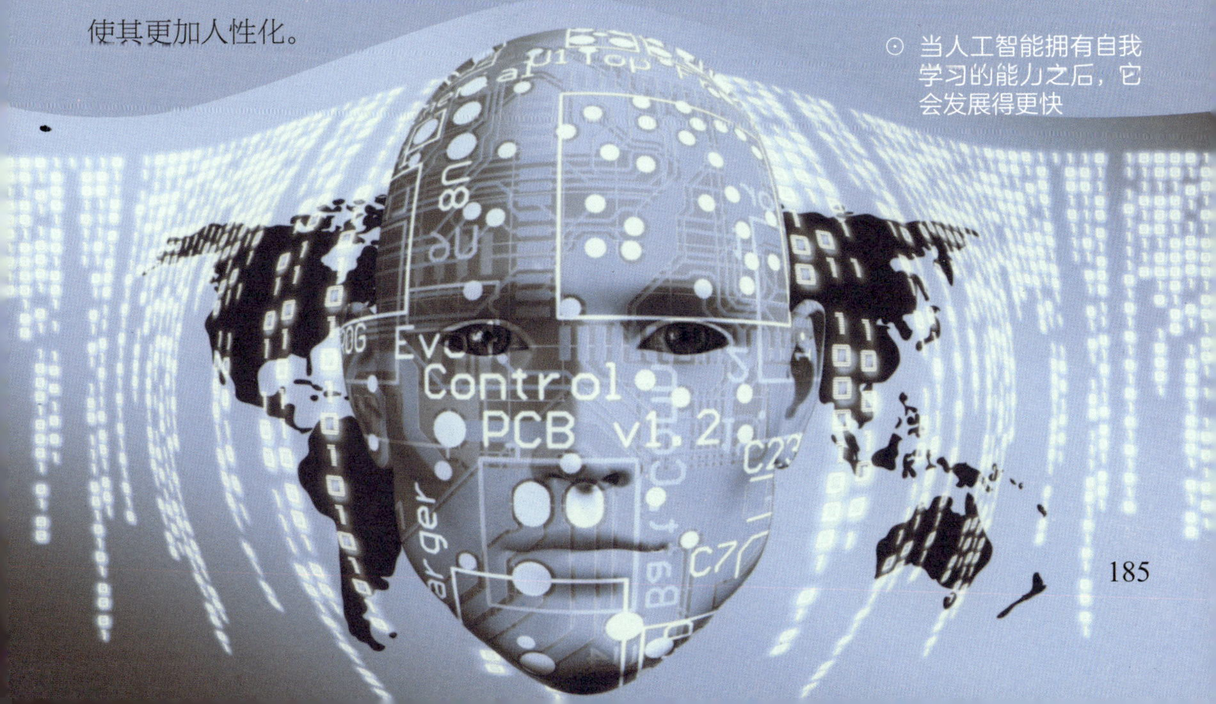

⊙ 当人工智能拥有自我学习的能力之后，它会发展得更快

由于 ChatGPT 拥有一定的自主学习能力，如果经过进一步训练或优化，或许有一天它会产生自我意识。届时，在高级人工智能眼中，人类在计算能力和存储容量上可能远不及它们，它们甚至可能通过控制网络“奴役”人类。

是不是听起来有点可怕？当然，这样的情况可能目前仅限于科幻电影中，人类会想方设法避免这样的事情发生。但一个全新的挑战在于，若人工智能发展得太快，在诸多工作领域都超越了人类，那么人类可能会被淘汰。如何避免这样的悲剧发生呢？

人类与机器结合，或许能避免在人工智能时代惨遭淘汰。那么问题在于，如果真的有一天，我们变身为“半机器人”，会发生什么呢？

人类将变得更加智慧

⊙ 电子大脑可以提高人类大脑的认知与计算能力

随着人工智能的发展，我们或许可以研发出自主思考、全方位的电子大脑，其运算能力远超过人类。人类可以把自己的思维和人工智能结合起来，解锁大脑潜能，提升认知能力，变得更智慧，更具创造力和表达能力。

你可以想象这样的场景吗？80 岁的爷爷奶奶用机械腿轻松登山；身穿机械战甲的警察巡逻；身患残疾的人通过机械四肢行走自如……

全球有数亿的残疾人，约占世界总人口的 10%，老年人群体更加庞大，随着年龄的增长，他们不得不面对身体器官功能的衰退，若变成半机器人，这些问题都迎刃而解。届时，人类将可以随时升级身体部件，修复受损器官，甚至连大脑都可以替换，只需要将自已的意识传输到新的大脑中就可以了。

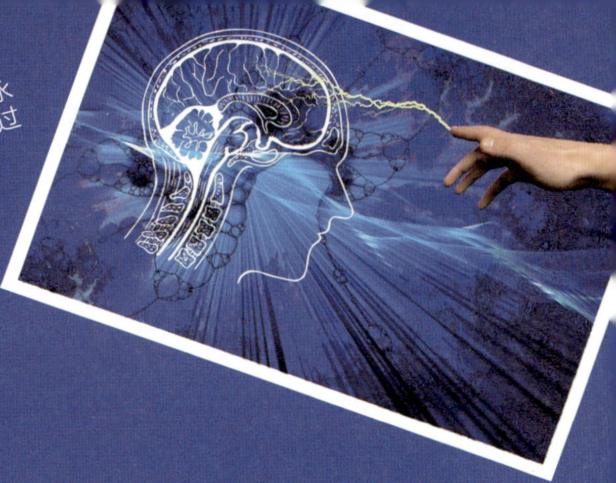

⊙ 人类意识上的“永生”或许能通过电子技术实现

人类将与机器一同获得永生

当人类的意识与电子技术深度整合，生物层面的死亡可能不再代表真正的终结。一旦成为半机器人，人工智能接管大脑，即使生命终结，也可以将自己的智慧导入电子世界，融合成半 AI 生命体，在虚拟世界获得永生。

然而，这种永生或许已非传统意义上的“人类”。半机器人状态下，人类的自我意识会不会逐渐减弱，这也是需要思考的问题。

霍金曾经多次表示，未来的人类可能通过技术手段与机器结合，成为“半人半机器”的“第三类人”。他说：“我们将不再受自身生理结构的局限，而是变成一种生物和机器的混合物。”

“人机融合”是未来科技发展的一个大趋势。智能假肢、电子眼球、人造心脏、侵入式脑电极阵列等技术已经开始应用，人类的自我改造正在路上。

如果有机会被改造成“赛博格”，你能接受吗？不管你能否接受，未来或许很快到来。

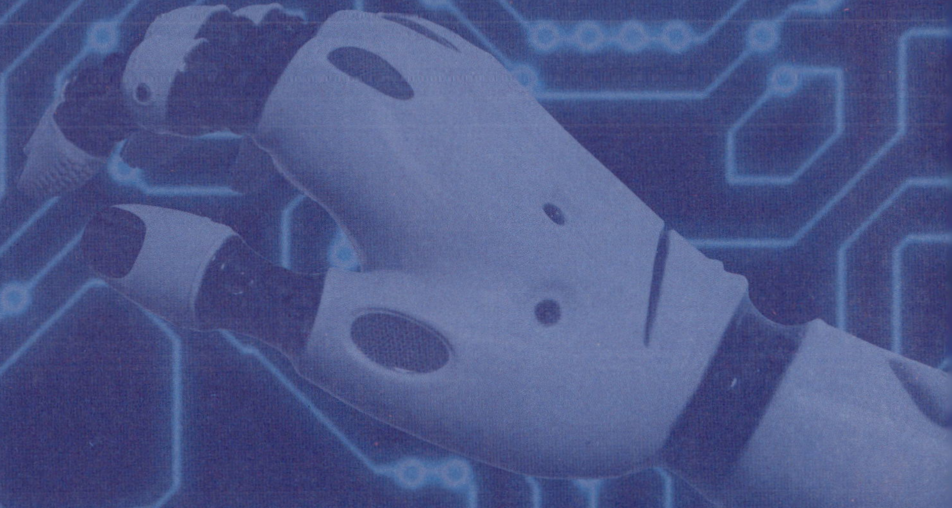

如果你不小心被鲸吞下，会怎样？

如果要说地球上体型最庞大的生物，那非鲸类莫属。最大的鲸——蓝鲸体长可达 30 米。当它们浮出海面时，就像一座小岛一般。其他种类的鲸，体型也比陆地上最大的哺乳动物——非洲象要大出好几倍。

⊙ 鲸，是这个星球上体型最庞大的生物

鲸为什么可以在深海生活？

鲸之所以能够在深海中潜行，是因为它们的身体结构能够适应深海的高压环境。我们都知道，水压与水深成正比，水深每增加约 10.3 米，水压就会增加 1 个大气压。当鲸在深水中潜行的时候，外部水压增大，鲸的肺部会被动压缩，同时它们的身体组织和血液也经过特殊进化，能够承受高压而不受损。此外，鲸体内的高浓度肌红蛋白和降低心率等生理机制，帮助它们在缺氧的深海中长时间活动。这些适应性特征使鲸能够在深海中自如地生存和潜行。

当鲸下潜到 1000 米深的深海区时，水压会显著增大。按照水压与水深的关系（水深每增加约 10.3 米，水压增加 1 个大气压），1000 米水深对应的水压大约是 97 个大气压（1000 ÷ 10.3 ≈ 97）。97 个大气压相当于每平方米的皮肤上压着 3 辆满载的重型卡车（假设每辆重约 330 吨）。这个压力是非常可观的！

当然，也不是所有的鲸都可以在深海中随意生活，它们也有自己的生存极限，其体内压强无法无限抗衡深水区的巨大压强。大多数鲸类主要栖息在海洋表层水域，但也会偶尔下潜到数百米的深度觅食或迁徙。而在鲸类中，抹香鲸堪称“深潜冠军”，它们能够下潜至 2000 米左右的深海区域，甚至更深。

鲸的胃部结构因种类不同而有所差异。大多数鲸类具有多室胃结构，其中一个胃用于暂时储存食物，其余胃室分泌大量胃酸和消化酶帮助分解食物。未被完全消化的食物会被黏液包裹，最终通过肠道排出体外。

鲸的体型庞大，食量也非常惊人。例如，一头大型须鲸每年可消耗约 1500 吨食物。虽然鲸是肉食性动物，但它们不会随便乱吃东西，而是有选择地捕食特定的猎物。鲸类性情相当温和，通常不会主动攻击人类，偶有救助落水者的记录。

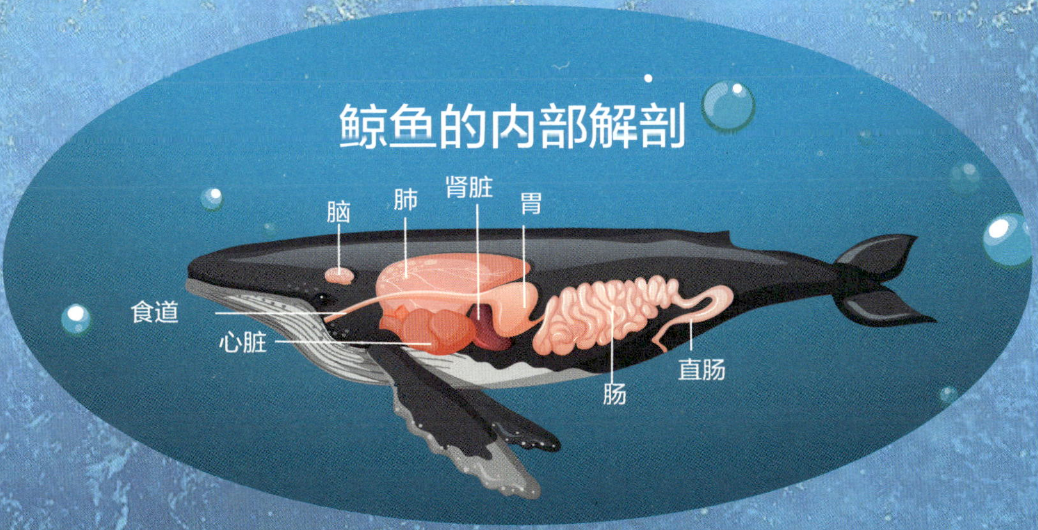

⊙ 鲸的身体结构

不过，意外总是会在不经意间发生，一些出海的人可能会在鲸进食的时候不小心落入鲸口中。

在童话电影《木偶奇遇记》里，匹诺曹和“爸爸”不小心被鲸吃到肚子里，为了逃出去，两个人就在鲸的肚子里烧火，刺激鲸打喷嚏。电影的最后，匹诺曹逃出了鲸口。但电影总归是电影，现实中又是怎样的呢？

在美国加州阿维拉海滩附近的海域上，一群皮划艇爱好者正在海面上悠闲地划行。他们没想到一场意外正在酝酿。突然，一大群鱼游来，海面上出现了剧烈的涌动，一头座头鲸张开嘴冲出海面，两名皮划艇爱好者不幸被吞了进去。

⊙ 和庞大的鲸相比，人类显得有些渺小了

正当所有人为这两名“遇难者”感到伤心难过时，海面上又出现了他们的身影。他们后来回忆说，自己被鲸吞进去之后，很快又被吐了出来，最终死里逃生。

那么，被鲸吞到肚子里之后，都可以生还吗？

不是的，鲸分为须鲸和齿鲸两种。像是上面提到的座头鲸和蓝鲸都属于须鲸，须鲸体形庞大，但食道很窄，它们没有牙齿，不能够咀嚼，吃东西的时候就是张开嘴巴，不管三七二十一地生吞食物，然后再用鲸须将吞进去的水过滤出来，将鱼虾吞进肚子。

当一个人不小心被水流卷入须鲸口腔时想要逃出，就需要趁它张嘴吞水时逆流游出去，同时还要避免坚硬的鲸须过滤时的剐蹭，能从鲸嘴里“毫发无伤”地游出来的概率微乎其微。

如果遇到的是齿鲸，那就糟糕了！齿鲸顾名思义，就是有牙齿可以咀嚼的鲸，齿鲸里最大的就是上面提到的可以生活在 1000 米深海中的抹香鲸，这种鲸牙齿极其锋利。

⊙ 抹香鲸拥有锋利的牙齿

如果不小心被抹香鲸吞进嘴里，你需要闯过两关，第一关就是巨舌碾压，抹香鲸在进食时会用厚重的舌头翻搅食物，一旦被舌头拍中，可能导致肋骨骨折、内脏破裂或窒息；第二关则是利齿绞杀，抹香鲸的一颗牙齿就像成人的手臂一样粗壮，一旦被撕咬，必死无疑。

如果运气足够好，侥幸闯过两关，不小心被鲸吞咽下去，仍难逃绝境。要知道鲸的喉咙相当狭窄，人一旦被吞咽，鲸的喉部肌肉会迅速收缩，人也会因胸腔受压而窒息。

当然不排除因为特殊体型或姿势的人可能会顺着食道滑入鲸的胃里。但鲸的胃里氧气含量几乎为零，正常人根本坚持不了几分钟。即使刚好携带了氧气装置，也别高兴得太早。鲸的胃里像是一个湖泊，充满高浓度的消化液，这些酸性液体很快就可以将人腐蚀掉。

总之，人被鲸吞下去之后，想要生存下去几乎是不可能的。所以，大家出海游玩一定要小心哦！

如果你可以实现时间旅行，会发生什么？

时间旅行一直是科幻作品中常见的主题，很多影视剧、书籍都喜欢将剧情架构于穿越时间的想象之上。

在传统观念里，空间是三维的、自由的，时间却是一维的，它就像一个箭头一般，只能向着未来前进，而不能逆转回到过去。你是否也有过这样的想象？如果时间也像空间一样是三维的，人们可以旅行到过去和未来，你想回到过去做什么？是去实现那些未曾达成的目标，还是去弥补那些留下的遗憾？

法国科幻小说作家赫内·巴赫札维勒（René Barjavel）在他1943年的小说《不小心的旅行者》中提出“祖父悖论”——如果一个人乘坐时光机回到过去，杀死了自己的祖父，那在未来他将不会出生，既然他从未出生，又怎么返回过去完成这一行为呢？

爱因斯坦曾说过，人们之所以领悟不到宇宙的秘密，是因为他们习惯于将自己桎梏在眼见为实的牢笼里，不允许自己尽情想象、大胆假设，从而掩盖了直觉的光芒。那么，我们是否能够实现时间旅行，穿梭于过去和未来呢？科学家的好奇心并没有因为“祖父悖论”而停滞不前，科学家们提出了四种实现时间旅行的理论路径。

第一种方式：接近光速航行

根据爱因斯坦的狭义相对论，当物体以接近光速的速度运动时，其时间流逝会变慢，这种现象被称为“时间膨胀”。科学家通过实验验证了这一理论的正确性。

物理学家使用两台精确的原子钟，一台搭载在高速飞行的喷气式飞机上，另一台留在地面静止不动。飞机上高速运动的原子钟相较于地面上的原子钟变慢了。这一现象表明，物体的运动速度越接近光速，“时间旅行”的效果就越明显。当然，在常规飞行速度下，这种时间的差异是非常微小的，几乎可以忽略不计。

⊙ 黑洞存在强大的引力，飞船可以围绕它做接近光速的运动

第二种方式：引力时间膨胀

广义相对论指出，引力场越强（如靠近大质量天体），时间流逝越慢。要走向遥远的未来，我们可以把飞船停靠在超大质量黑洞附近的安全区域，那里离黑洞边缘足够近，但又不会被撕碎。在这里时间会变得异常缓慢——飞船上的1小时可能等于地球上的几十年。就像《星际穿越》中的情节，虽然电影做了艺术加工，但背后的科学原理是真实的：黑洞的巨大引力扭曲了时空，让时间像被拉长的橡皮筋一样变慢。不过，这种时间旅行需要海量的能量才能逃离黑洞的引力。而且，你只能单程前往未来，无法回头。这就像是宇宙给我们的一张有去无回的未来车票，代价高昂却充满诱惑。

第三种方式：穿越虫洞

霍金在他的《时间简史》中提到了利用虫洞进行时间旅行的可行性。霍金曾做过一个实验，他将信息保存在一个地方，让未来的时空旅行者看到信息后穿越回来，但最终这个实验以失败告终，并没有来自未来的时空旅行者来找他。不过，从理论上讲这是可能的。

可以把“虫洞”理解成连接两个不同时空的“通道”，只是要连接这个通道需要一种能对抗引力的“反重力材料”（负能量），这种负能量可以支持虫洞的稳定存在，并确保虫洞在“穿越”之前不会坍缩。然而，要找到这样的虫洞并实现“穿越”，我们还有很长的路要走。

⊙ 虫洞是连接两个不同时空的“通道”

第四种方式：扭曲时空

美国物理学家罗恩·马莱特提出过一个大胆设想：让环形激光像搅拌咖啡一样扭曲时空，从而实现时空旅行。根据爱因斯坦的相对论，任何旋转的物体都会轻微拖拽周围的时空。马莱特认为，如果用超高能激光组成一个疯狂旋转的“光之漩涡”，可能会在中心形成类似龙卷风的闭合类时曲线——理论上，沿这条曲线运动的物体可能进入时间循环。

科学家们的探索还在进行。或许在未来的某一天，我们有可能实现时间旅行，和达·芬奇喝杯下午茶聊聊艺术，和明朝公主聊聊诗词歌赋，或是给五年前的自己上一课……

⊙ 通过旋转光柱来扭曲时空，也可能实现时间旅行

如果你可以在水下呼吸，会发生什么？

你是否想过有一天可以像鱼一样在泛起涟漪的海洋中自由自在地畅游，和形态各异的鱼类竞逐，和海龟、海豚嬉戏，困了倦了，浮在水面或是潜入海底休息、睡觉……但对于当下的人们来说，让人类像鱼一样长期在水中生存，这听上去如同天方夜谭。人类之所以无法在水下停留很长时间，呼吸是问题所在。即使是专业的潜水员，也必须携带氧气瓶或通过管路供气潜水。

人类在不借助供氧设备的情况卜，是无法持续在水下活动的。没有经过专业训练的普通人，最多可以在水下屏住呼吸 2 分钟左右，但可能没坚持到 30 秒就放弃了。而专业的潜水人士，可以在水下屏息 10 分钟左右。

地球上大部分的海洋、湖泊和河流中都溶解着大量的氧气，但是人类的呼吸系统无法吸收和利用这些氧气。而生活在水下的动物却在水下找到了自己的生存之道。

动物奇特的水下呼吸法

在海洋或湖泊中，大多数鱼类依靠鳃进行呼吸。鱼类通过嘴吸入水，水流经过鳃丝时，氧气被吸收，而剩下的水则从鳃盖的开口排出体外。

而水母类动物没有鳃，它们通过体表（尤其是外胚层细胞）直接与水体进行气体交换，吸收水中的溶解氧并排出二氧化碳。这种呼吸方式效率较低，从水中吸收的氧气有限。好在水母身体结构简单且代谢率低，这使其对氧气的需求极低，不需要太多的氧气就能存活。

而像鲸、海豚这些哺乳动物，由于它们的祖先是陆生动物，所以它们依旧在水中依靠肺来完成呼吸。和人类不同的是，它们的喉部直接嵌入颅骨顶部的鼻腔通道，彻底分离气管与食道，让它们在吞食整条鱼时，水流只会进入胃部，不会渗入肺部。此外，它们血液中红细胞数量多，血红蛋白携氧浓度高，有进化完善的储氧系统。同时，它们下潜时心跳减缓，肝、肾等器官进入休眠状态，将氧气集中供给大脑和心脏——如同给身体装上了智能电量分配器。

除了这些常见的动物，水中还有一些倔强的陆地生物，它们不甘于陆地生活，创造条件也要潜入水下。比如有一种叫作“潜水钟蜘蛛”的蜘蛛，它会为自己编织一个“氧气瓶”，套在腹部（蜘蛛的呼吸器官就在腹部），在水下再吐丝编织一个“潜水钟”，用腹部的丝质气囊将空气注入其中，保证在水下长期生活和狩猎。

⊙ 潜水钟蜘蛛的腹部自带“氧气瓶”，帮助它们在水下生活

动物们为了适应水下生活十分努力，人类也在不断探索可以在水下呼吸得更好的办法。比如，很多年前，丹麦的一位科学家就发现了一种水晶材料，可以在不借助其他手段的情况下，持续地从空气和水中摄取氧气。这种材料就像一块海绵一样，吸饱了氧气，只要稍微加热或者暴露于低氧压状态下，氧气就可以释放出来。但这种材料要实现量产并不容易。

如果有一天，人类科技发展到可以在水下呼吸，会发生什么呢？

想要成为一个水下生活者，呼吸只是入门门槛。深海温度非常低，如果人类选择在深海生活，人类没有足够的脂肪和厚实的皮肤来保持体温。此时，人类的体温会降到 35 摄氏度以下。心脏功能和神经系统都会随着体温降低而出现异常，身体器官会逐渐衰竭。人类在没有保暖措施的情况下，在 10 摄氏度的水域里，理论生存极限约 1~2 小时。

选择浅水区生活，情况也不会更好。因为人类的眼睛不能很好地适应水下环境，再加上大多数河流和湖泊的水质浑浊，限制了人类在水中视物的能力，即使在清澈的水域，随着深度增加，光线也会迅速减弱，人类将面临长期处于黑暗中的困境。

人类在水下的交流也会变得困难。因为声带需要空气振动发声，所以在水中人类可能只能依靠肢体动作来进行交流。而此时，四肢还需要兼顾游泳这件大多数人并不擅长的事情，因此，人在水下难以维持正常的生活。

当然，随着科技的进步，水下生活也会给人类生活带来不一样的新体验，比如水下交通、水下摩天大厦等。人类科技还在不断进步，或许这一天的到来并不会太遥远。

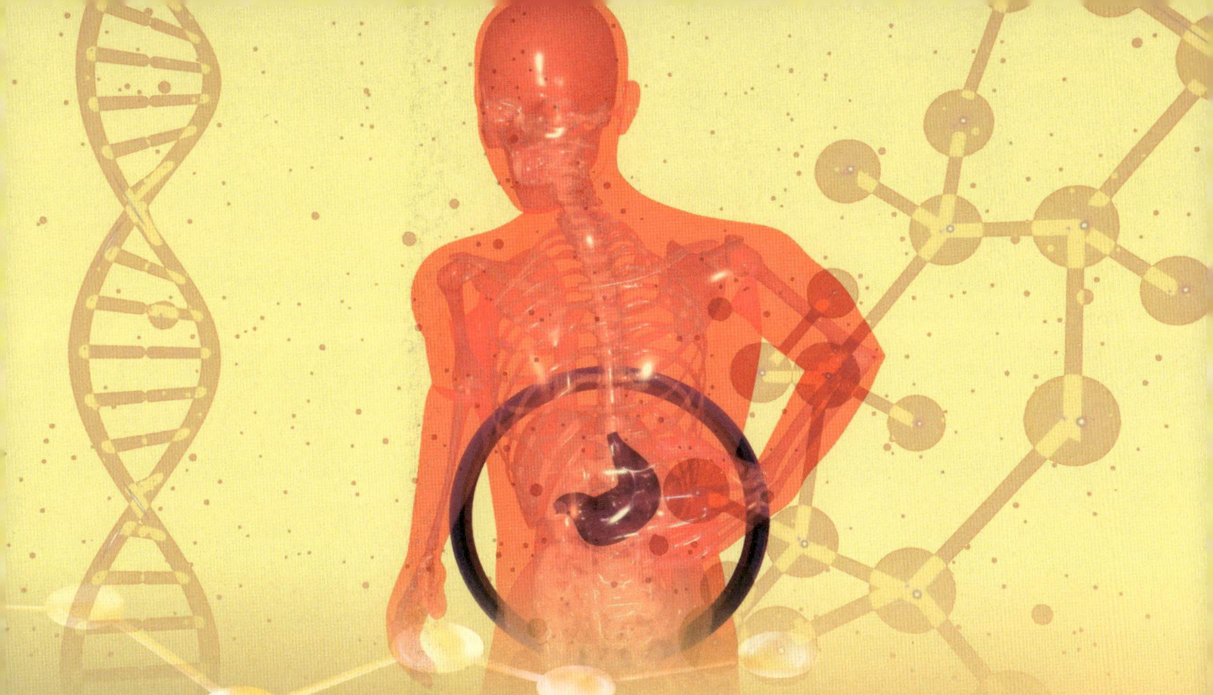

如果你失去自己全部的DNA，会发生什么？

一个人单眼皮还是双眼皮、鼻梁高度、肥胖倾向、过敏体质等特征，部分由遗传因素决定，这些遗传信息主要编码在DNA中。

人类基因组由约 31.6 亿个碱基对组成，其中包含了编码蛋白质和调控基因表达的重要信息，这些信息共同影响着生物体的形态和功能。

DNA 到底是什么？

DNA 是由一个个脱氧核苷酸通过化学键连接而成的大分子聚合物，它通过特定的结构储存和传递遗传信息，在生物体的发育过程和生理功能中起着关键作用。

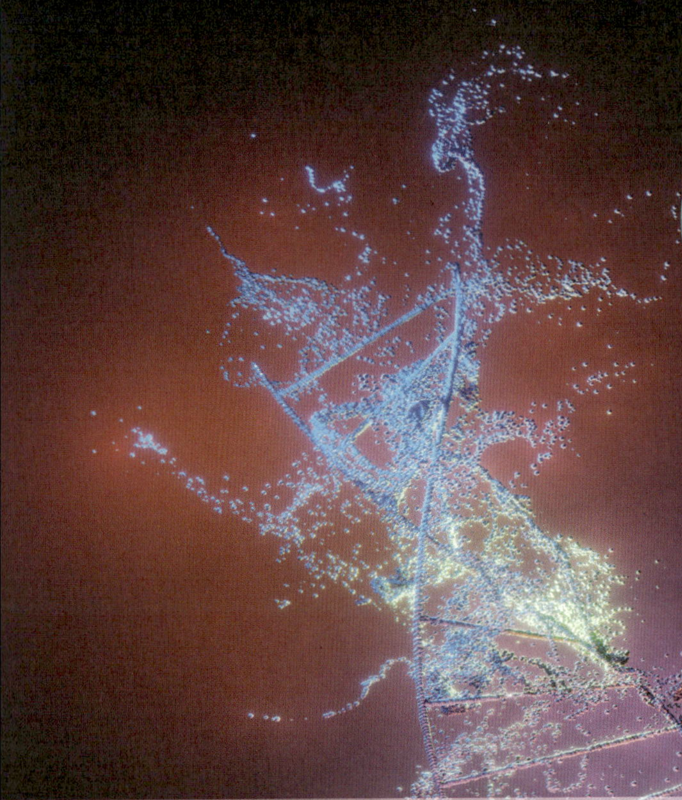

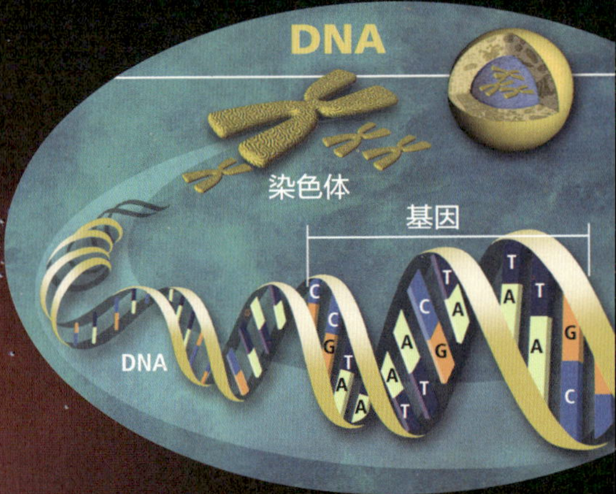

⊙ 1953 年，DNA 的双螺旋结构被科学家证实

DNA 是双螺旋结构，由两条单链组成，就像一条扭曲的梯子。梯子的两条直立支架由脱氧核糖和磷酸基团交替连接形成，而横向的阶梯则由两条链上的碱基“手拉手”构成，一条链上的腺嘌呤（A）总是与另一条链的胸腺嘧啶（T）配对，鸟嘌呤（G）则与胞嘧啶（C）精确扣合。这些碱基对的排列顺序如同用四个字母（A、T、C、G）写成的生命密码，当细胞读取这些密码时，就能精准指导蛋白质的合成并调控基因表达，最终像魔法配方一样，组合出千变万化的生物性状。遗传学教授罗伯特·普罗明在他的著作《基因蓝图》中这样描述：“对人类个体而言，任意两个不相关个体之间的 DNA 差异通常小于 0.1%，这些差异正是塑造我们个性的基因蓝图。”

如果将细胞比作一座巨型的城市，那么 DNA 就像这座城市的总指挥中心，坐镇细胞深处——细胞核中，指挥着城市的各项生命活动。DNA 如同细胞的指导手册，不仅包含制造各类蛋白质的指令，还精细调控基因的表达，从而深刻影响着细胞的功能以及整个生物体的发育进程。

DNA 作为遗传信息库，通过指导蛋白质合成和细胞分化，在多层级调控下逐步形成组织、器官，最终构成一个完整的生命体。

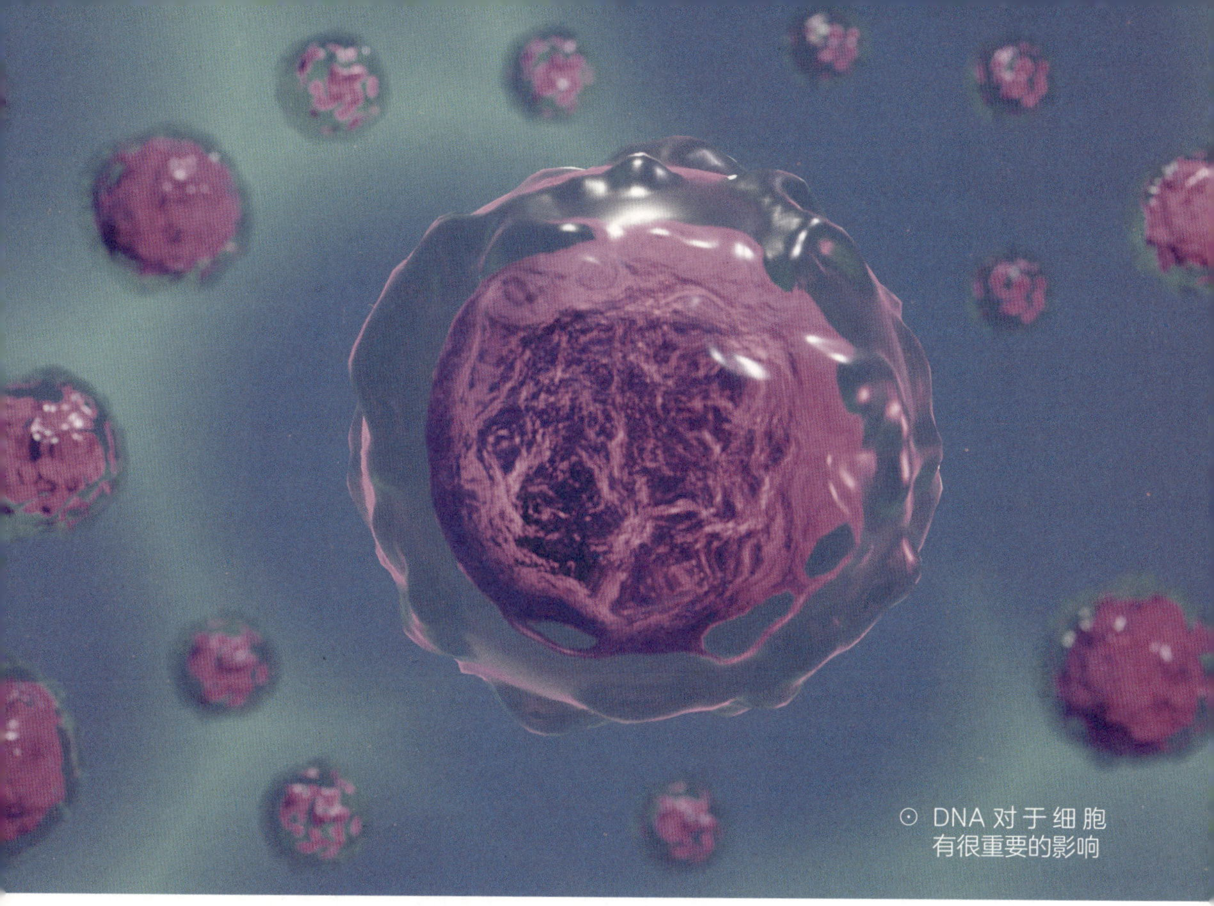

如果有一天我们失去全身的 DNA，会发生什么呢？

在失去全身 DNA 的一瞬间，人的体重会立即减少约 150 克，相当于一部手机的重量。先别高兴得太早，与失去 DNA 带来的可怕后果相比，这点减重带来的愉悦根本不值一提。

我们身体有 30 万亿 ~40 万亿个细胞，这些细胞可不像人类那么长寿。例如，肝细胞寿命较长，可以存活 150~200 天，血液中的红细胞平均寿命约为 120 天，血小板可以存活 8~11 天，小肠上皮细胞可以存活 3~5 天，表皮细胞平均寿命为 1 个月。伴随着新陈代谢，每天都有大量的细胞死亡，也有大量的细胞新生。而细胞新生的过程需要 DNA 来引导复制。一旦失去了全部的 DNA，结果可想而知。当“旧”细胞死去，“新”细胞无法生成……人将变成“行尸走肉”。

如果表皮细胞脱落，新生皮肤无法长出，血肉会暴露在空气中导致感染。接下来是胃肠道细胞凋亡，人的消化系统会发生故障，出现恶心、呕吐、持续胃灼热、腹泻等症状，接着是血液系统、免疫系统，各个系统功能都将慢慢衰竭。

由于脑细胞不因老化而再生，失去全部 DNA 之后神经系统还可以短暂维持正常工作，也就是说意识还可以保持清醒。然而，随着其他系统的崩溃，神经系统也会因无法获得能量和代谢支持，进而迅速走向衰竭。

人体将清晰地感知到身体功能的崩溃和随之而来的痛苦，最终可能因急性全身感染、多器官衰竭或严重出血而死亡，而且现有的医学手段对这一切还束手无策。不仅是细胞，人体中所有调节生命活动的关键酶均由 DNA 指导合成，这些酶参与分解营养物质、调节能量代谢等核心过程。一旦 DNA 消失，酶的合成将彻底中断，导致代谢链全面断裂。例如，乳糖不耐症患者因缺乏乳糖酶而无法消化乳糖，而 DNA 消失时，这种“酶缺失”将扩展至全身——所有依赖 DNA 合成的酶都会停止产生，最终引发多系统功能崩溃。

⊙ DNA 全部断裂，会严重影响人的生命

DNA 全部断裂不是危言耸听。1999 年，日本东海村发生核临界事故，一名工人受到大剂量辐射。他细胞中的染色体受到高剂量辐射，原本排列有序的 DNA 几乎全部断裂，变得杂乱无章。

日本记录下了这位病人身体变化的全过程，就像我们上面讲到的，一开始皮肤不断剥落，而且无法修复和再生，伴随着强烈的疼痛和止不住地流血。不到一周，这名工人的白细胞数量就降到了正常人的 1/10 以下，免疫系统几乎完全失效。

由于 DNA 缺失带来的连锁反应持续加重，他的头发、指甲、皮肤不断脱落，身体组织不断腐烂，但他的意识是清醒的。随后，他的身体各组织器官也出现衰竭现象，直到心脏停止跳动。

人的生命活动离不开细胞，而细胞的活动离不开 DNA 的指导。其实，DNA 的损伤无时无刻不在发生，幸运的是，人体拥有高效的 DNA 修复机制，能够及时修复大多数损伤，维持细胞的正常功能。然而，DNA 修复的效率并非无限。在极端情况下（如高剂量核辐射），DNA 损伤可能超过修复能力，导致细胞功能丧失甚至死亡。而在日常生活中，睡眠对 DNA 修复和整体健康有重要影响。

所以，想要身体健康一定要保持充足的睡眠！

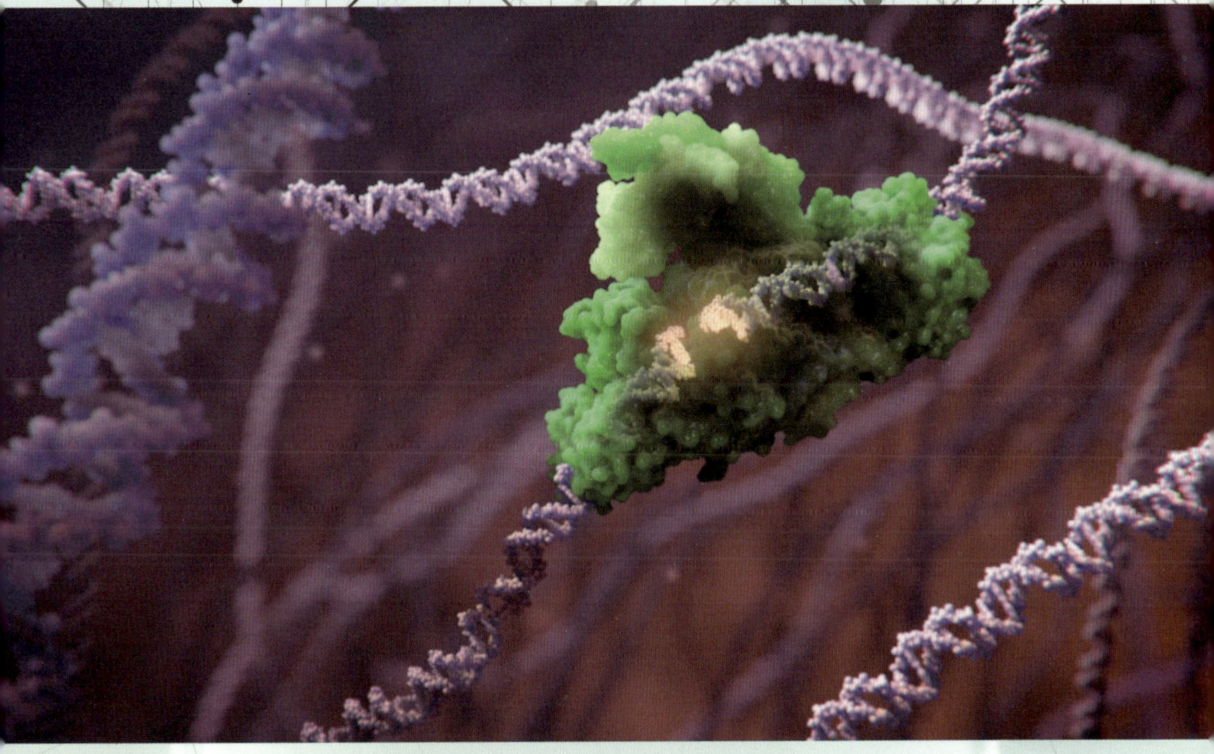

⊙ 充足的休息和营养保证，有利于修复损伤的 DNA

如果你从万米高空掉落下来，会经历什么？

在我们传统的认知里，一个人从五层高的楼房跌落下来，往往非死即伤，更别说是从万米高空飞行的飞机上坠落，这很难想象会有幸存者，然而，历史上确实发生过这样的奇迹。

1972 年 1 月 26 日，南斯拉夫 JAT 航空公司的 367 航班在飞行途中发生了爆炸，当时飞机飞行的高度为 10160 米，一位名叫维斯娜 · 乌洛维奇的空姐由于距离爆炸中心较远，被连人带座椅困在机身里，在没有降落伞的情况下以自由落体的方式坠落。让人意想不到的是，她竟然奇迹般地存活了下来。最终，她掉落在捷克斯洛伐克境内厚厚的雪堆上，树枝和积雪给了她巨大的缓冲，让她幸存下来。

大多数民航飞机的飞行高度都是限定的，它们一般在平流层底部飞行，飞行高度在 9 千米 ~12 千米之间。选择什么高度飞行，与飞机性能、航线长度以及气象条件等因素有关。

为什么飞机要在平流层飞行？

⊙ 地球被一层厚厚的大气层所包裹

大气层是我们地球的保护层，厚度可达1000千米，大气层随着高度的不同表现出不同的特点。对流层（距离地表中纬度约12千米以内）是最接近地球表面的一层，在这里空气密度最高，约占大气总质量的四分之三。大气中的水蒸气几乎都集中在这里，这一层最大的特点就是对流运动剧烈，刮风、降雨、降雪等天气现象均发生在此层。

而在平流层（对流层顶向上到50千米左右），气流运动为水平方向，这里水蒸气含量极低，晴朗无云，很少见到天气的变化。飞机之所以在这一层飞行，一是因为这里天气晴朗，能见度高，水汽、悬浮颗粒以及杂质稀少。二是这里空气以水平运动为主，垂直对流微弱，飞机受力平稳，颠簸极少，且该高度超出鸟类迁徙范围，安全性显著提升。

飞机是安全性很高的一种交通工具，如果一个人从万米高空的飞机上坠落，会是什么体验？奇迹也会发生吗？

如果一个人暴露在万米高空，没有任何防护，首先要面对的是低温。我们常说“高处不胜寒”，在对流层内，海拔每升高1000米，气温就会下降6.5摄氏度，也就是说1万米的高空要比地面温度低65摄氏度左右。在零下几十摄氏度的低温下，人体很快就会被冻得失去知觉。

当然，人在万米高空坠落时，由于重力加速度的作用，下落速度会越来越快，在下落的过程中，温度逐渐升高，因此不至于被冻死。除了低温，高空坠落的人还需要面对极低的气压，万米高空的气压约为地面的25%（约0.25个大气压）。在如此低压的环境里，溶解在血液中的氮气会迅速逸出，形成气泡（减压病），可能引发肺栓塞、意识丧失甚至死亡。

⊙ 如果你不小心从万米高空掉下来，首先面对的是低温和低压

这还不算什么，就算这个人足够幸运逃过了低温和低压的威胁，当经过对流层时，还可能遭遇雷雨。我们都知道，雷电是可以将粗壮的大树劈开的，更何况我们这血肉之躯呢？

奇迹般地熬过了减压、低温和复杂的云层，就能像开篇提到的空姐那般幸运吗？答案没那么简单。从高空坠落，在重力的作用下速度会越来越快，甚至可以达到200 千米 / 时以上，这样的速度落地时的冲击力足以致命。

看到这里，读者可能会问：为何开篇的空姐能从万米高空的空难中生还呢？事实上，并不是空姐有什么超能力，而是飞机在高空爆炸时，她被抛到了一个角落，随着飞机残骸一起坠落，飞机残骸为她提供了保护，而且落地的地方是厚厚的雪堆，也给了她不少缓冲。

这种巧合，才让她成为罕见的幸存者。

正常情况下，无防护地从高空坠落，基本无人可以生还，甚至还没落地就已经死亡了。除乘坐飞机在万米高空飞行的情况，还有一些特殊工作需要在高空作业，因此，意外总会在不经意间发生。一旦从高空坠落，应该如何自救呢？

如果从较低处坠落，首先，可以在下坠的沿途抓取一切可以抓取的物体，这些物体会减少高速下落的冲击力，降低落地时对骨骼和内脏器官的损伤。其次，保持膝盖轻微弯曲。在撞击发生时，膝盖弯曲可以延长冲击时间，利用腿部的肌肉和关节来吸收部分冲击力，从而减轻对关节和骨骼的直接冲击。最后，尽量让双脚先落地，这样腿和脚可以起到缓冲作用，减少对上半身脏器的冲击。一旦脚落地，应该顺势向一边倒下，并保护好自己的头部。可以肘部朝前，用手抱住头部或颈部的后面，给头部最大程度的支撑保护。

如果是从高空坠落，为了增加阻力，可以面部朝下，双手和双腿大大地张开，以增加自身与空气的接触面积，从而降低下落的速度。同时，尽量寻找一个合适的着陆点，比如雪堆、草垛、沙地等能够起到缓冲作用的地方。落地时，要保持膝盖弯曲，让双脚先着地，并用胳膊保护好自己的头部，以免撞伤。

这些自救方式都只是提高生存的概率，如果不是工作必须，还是尽量少去开放的高处。

⊙ 从万米高空坠下，生还的概率很低

如果恐龙没有灭绝，会发生什么？

在大约 6600 万年前的白垩纪末期，直径约 15 千米的希克苏鲁伯陨石以 7.2 万千米 / 时的速度，撞击了墨西哥的尤卡坦半岛。山脉瞬间隆起，火山喷发，巨大的海啸将植物和动物埋入地下，尘埃颗粒阻挡了阳光。从凶猛的霸王龙到微小的浮游生物，地球上大约有 75% 的海洋物种和 50% 的陆地物种在这段时期内灭绝，整个地球陷入了一片死寂。统治了地球长达 1.6 亿年的恐龙大部分宣告灭绝，尽管它们曾经身披铠甲、头顶犄角、凶狠无比，也没抵得过地球史上最大的一次小行星撞击事件带来的冲击。

曾经，恐龙是地球上具有统治地位的物种

恐龙的后裔

⊙ 始祖鸟被认为是恐龙的后代

很多科学家认为，恐龙并没有完全灭绝，鸟类就是它们的后代。1861年发现的始祖鸟化石兼具恐龙和鸟类的特征（如羽毛、长尾、牙齿等），为鸟类起源于恐龙提供了关键证据。

19世纪60年代，英国生物学家托马斯·赫胥黎发现鸡的骨骼与小型兽脚类恐龙在骨骼结构、运动方式上高度相似，提出了“鸟类是恐龙后裔”的假说。到了20世纪70年代，美国古生物学家约翰·奥斯特罗姆通过对恐爪龙和始祖鸟的研究，进一步证实了鸟类与小型兽脚类恐龙之间的密切关系。

如今，“兽脚类恐龙起源”学说逐渐成为科学界的共识。白垩纪末期的希克苏鲁伯陨石撞击事件，使以恐龙为代表的大批物种灭绝，而小型兽脚类恐龙因体型娇小，食性灵活（杂食或肉食）且栖息于森林等环境，更易适应灾后生态变化，从而幸存下来。在随后漫长的进化过程中，它们逐渐演变成了鸟类。这场撞击事件间接促进了哺乳动物的多样化，为灵长类动物的演化（包括人类祖先）创造了条件。人类的出现，至少部分得益于这一地质灾难后的生态重组。

如果那颗改变地球命运的小行星偏离了轨道，恐龙依旧活跃在地球上，会发生什么呢？会像《侏罗纪公园》那样“和谐共处”吗？

恐龙的身体结构演化

想要知道如果恐龙活到现在，地球会怎样，首先我们需要了解一下恐龙的生活环境。恐龙生活在中生代（三叠纪、侏罗纪和白垩纪）。这一时期地球气候整体温暖，季节变化没有现代明显，大气中含氧量也较高。

如果恐龙没有在白垩纪末期灭绝，它们可能会随着地球环境的变化而不断进化。例如，为了方便啃食靠近地面的较硬植被，草食性恐龙如鸭嘴龙、蜥脚类恐龙等可能演化出更高效的咀嚼结构；在恐龙时代，由于空气中含氧量高，恐龙体型普遍较大，随着空气中氧气浓度的降低，恐龙的体型可能会逐渐向着小型化发展；为了适应多次冰河时代的寒冷环境，一些恐龙可能会进化出保温结构（如羽毛或皮下脂肪层），比如进化出毛茸茸的角龙等。

恐龙的智慧演化

在稳定的生态系统中，恐龙凭借体型与环境适应能力称霸地球，无须依赖高度智慧。然而，随着地质环境变迁（如气候变冷、资源竞争加剧），部分小型兽脚类恐龙可能被迫演化出更发达的认知能力。这种进化方向与灵长类存在本质差异：恐龙可能通过强化立体视觉和独立的前肢抓握功能适应环境，但其直立姿态受骨盆结构限制（恐龙骨盆开口朝后，下肢难以完全内收），与人类双足行走的力学机制存在根本差异。

科学家普遍认为，恐龙中最具智慧的是伤齿龙。其脑化指数接近早期灵长类，可能具备复杂的社会行为（如分工捕猎或育幼），但需更多化石证据支持。若这类恐龙持续进化，可能发展出类似灵长类的前肢操作能力，并通过骨骼结构调整实现更接近直立的姿态。这类假想中的“恐龙人”可能成为与人类分道扬镳的智慧生物雏形。

人类进化轨迹将彻底改变

那我们人类的命运又将如何呢？即使恐龙依旧存活下来，灵长类动物还是可能会进化成人类。灵长类祖先在体型和生存空间受限的情况下，可能发展出隐蔽生存策略，例如进化出大眼睛以增强夜视能力，通过高频声波传递预警信号。无论怎样，人类在恐龙活跃的生态系统中都将面临更严峻挑战。

在与恐龙争夺发展空间的竞争中，可能催生出独特的共存模式：人类利用智慧建立防御工事，驯化草食性恐龙作为运输工具；肉食性恐龙则凭借感知优势占据特定生态位。当然，也许人类取得了胜利，恐龙数量就会断崖式下降，恐龙就会像其他动物一样，成为受保护动物，部分草食性恐龙还会变成人类的宠物。《侏罗纪公园》里的场景也是可能实现的。

虽然这些都只是思考的演变，没有人可以知道真实会发生什么。如果恐龙没有灭绝，你认为地球会变成什么样呢？

⊙ 发明高倍显微镜的荷兰科学家安东尼·范·列文虎克

如果没有微生物，我们会变得怎样？

17 世纪，荷兰人列文虎克发明了高倍显微镜，微观世界的生命现象第一次清晰地展示在人类面前。微生物虽然肉眼不可见，但它们无处不在，并和我们的生活息息相关。

从生命演化的角度来看，早在 35 亿年前，地球上便有了原核生物的存在，约 20 亿年前真核生物出现，陆地生物的多样化出现在 4 亿多年前，人类的出现也就是几百万年前的事而已。

什么是微生物？

我们已知的微生物包括真菌、细菌、病毒、单细胞藻类和原生动物等。大多数真菌通过菌丝（一种丝状结构）获取能量和营养，它们会分泌一些化学物质来分解复杂的有机物质，如动物尸体、粪便等，将这些物质分解成小分子化合物，然后吸收利用。

细菌是单细胞生物，形态多样，常见的有球状、螺旋状、杆状。我们身体中有很多细菌，数量超过地球总人口，且广泛分布于空气、土壤、海洋以及动植物体内，几乎无处不在。

病毒是非细胞形态的寄生性微生物，必须依赖宿主细胞的代谢机制才能复制自身。一旦侵入其他生物体，病毒可能在宿主体内潜伏，或引发不同形式的疾病。病毒非常小，小到一根针的针尖就能容纳上万个甚至上亿个病毒。

藻类通过光合作用为地球提供氧气。世界上约有 3 万种藻类。原生生物是目前已知的最原始、最低等的真核生物，它们有些能够进行光合作用，利用光能把无机物合成有机物供自身需要，有些则通过吞噬作用利用其他生物提供的有机物来获取营养。

微生物与人类生活密切相关。身体中的微生物是我们看不见的盟友，它们能够帮助人体维持器官系统的正常功能，远离疾病。微生物还是生产活动的好帮手。人类利用酵母菌酿酒、醋酸杆菌制醋、空气中的毛霉制作风味独特的豆腐乳。微生物代谢产物可以为作物提供营养元素和生长物质，因此微生物还可以用作肥料。

细菌被认为是地球上最早的生命形式之一。这一假说 2017 年在加拿大发现的古老微生物化石得到重要印证。这些岩石的形成时间可以追溯到 37.7 亿年至 43 亿年前。彼时，那里还是一处含有丰富铁元素的深海热泉。

假如地球上没有了微生物，会发生什么呢？

好消息是，如果没有了微生物，我们再也不用担心食物变质、腐烂了。坏消息是，味道鲜美、营养丰富的蘑菇、木耳等美味佳肴和灵芝等珍贵药材也都不会再有了。

那些通过细菌、病毒感染等方式危害人类健康的疾病或将永远消失。但同时，我们的身体里住着的数十万亿个有益微生物也会消失，这些微生物主要分布在肠道或皮肤褶皱中。

这些对人体健康至关重要的微生物参与肠道消化，合成维生素，降解毒素，能够提高身体免疫力及维护皮肤健康。如果微生物消失，我们的胃肠道将开始出现问题，皮肤会因酸碱失衡变得敏感，身体也会变得虚弱并容易感染疾病。

⊙ 微生物并非都是对人类有害的，一些微生物其实有益于人体的健康

人类可能可以在没有微生物的环境中挣扎一段时间，但有些生物则会直接灭绝，比如地衣。地衣是藻类和真菌的共生体，它们在形态、结构和遗传上紧密结合，被视为一个整体，因此在生物学上将它们单独划分为地衣门。随着微生物的消失，地衣将会被“灭门”。

⊙ 如果微生物全部消失，地球的生态系统会受到致命打击

整个生态系统都会遭受毁灭性的打击，因为土壤和海水中都含有大量的微生物。微生物能够将土壤中的有机物分解成无机物，供植物吸收利用。没有了微生物这个基础，生态系统的物质循环就无法正常进行。

植物会因为土壤贫瘠而大量枯萎，地球上的生产者——植物没有了，其他生物的灭绝也就是时间问题了。草食动物和肉食动物也不好过，它们的肠道中也会因为缺少微生物而影响到食物的消化吸收。最后，整个地球遍地是未被分解的粪便、尸体、残叶，生态系统的物质循环完全停滞，生命相继灭亡。

微生物是自然界的“大功臣”，我们千万不要忽视、害怕甚至厌恶它们，正是因为它们的存在，各种生物之间才建立了微妙的生态循环系统，才有了欣欣向荣、生机勃勃的地球。

如果其他生物变得和人一样聪明，会发生什么？

美国科幻大片《决战猩球》描绘了这样一个场景：宇宙中存在一个由高度智慧的人猿统治的星球。在这个星球上，人类被当作这些人猿的奴隶。当然，这只是科幻电影中的丰富想象。在现实中，人类的智慧远高于其他动物。

⊙ 猩猩被认为是除了人类以外地球上智商最高的动物

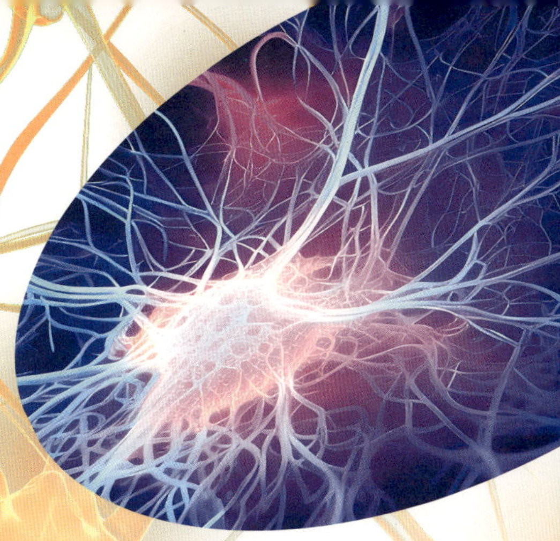

⊙ 如果动物大脑皮层的神经元和人类相当，它们也有可能像人类一样聪明

人为什么比其他动物聪明？

每一种动物的大脑在漫长的进化过程中受生存环境、基因等多重因素的影响。之所以认为人比其他动物聪明，一个重要的衡量标准就是认知能力。人比大猩猩具有更高的认知能力，所以人更聪明，而大猩猩又比其他动物认知能力更强。

认知能力中的一个重要因素是大脑皮层中的神经元数量。虽然有的动物体形比人类大很多，人脑的容量也比人类大，但是人类大脑皮层中有更多的神经元（人类大脑皮层约有 140 亿个神经元），更为关键的是，这些神经元之间形成了极其复杂且高效的神经网络，使得人类大脑能够快速、精准地整合和处理各种复杂信息，从而实现高级认知功能。而动物的神经元之间的连接相对简单，信息传递和处理效率较低，因此在复杂认知任务上的表现就远不如人类。

如果地球上每一种动物随着进化，大脑皮层的神经元数量与人类相当，甚至比人类还多，这些动物变得像人类一样聪明，这个世界会发生什么呢？会不会出现一种动物统治其他动物的情况，就像人类统治地球一样？

如果真是如此，地球上的物种可能会进入互相残杀的“淘汰赛”。那么，谁能笑到最后呢？

草食动物可能在竞争的“第一轮”就会被淘汰。因为草食动物大多性情温顺，而且以草为食来获取能量，而草食获取方式相对温和，这直接限制了它们发展出用于交流协作以应对竞争、制造工具提升竞争力、创造文化增强群体凝聚力以及相互战斗争夺资源的能力。

肉食动物获胜的概率大一些。不过像鲨鱼、虎鲸、海豚这些肉食动物，因为被限制在海洋当中，虽然海面之下也可能存在其他高智慧生物的竞争，但它们取得最终胜利的概率依然很小。

同样地，还有那些必须在沼泽、热带雨林、沙漠中才能存活的生物，它们一旦离开自己特定的栖息地就无法生存，也同样不能够征服世界。

大型肉食动物，像狮子、老虎、熊、狼，甚至是体型比较大的非肉食动物，如大象、犀牛等，如果变得和人类一样聪明，可能极大地威胁到人类的统治地位。当然，如果让我们赤手空拳地与这些动物搏斗，肯定无法取得胜利。但是聪明的人类发明了现代武器，而且目前来看，在群体数量上，我们也比这些动物要庞大许多。所以，即使这些动物拥有了智慧，人类也有能力在短时间内采取措施应对，它们想要彻底威胁到人类的统治地位并非易事。

在众多生物中，对人类威胁最大的便是我们的部分近亲——灵长类动物。灵长类动物和人类在生理结构、行为习性等方面有很多相似之处。比如黑猩猩，它们本

⊙ 如果猩猩变得像人一样聪明，或许会成为人类一个很大的威胁

身就具有一定的智慧和社会行为。如果变得和人类一样聪明，它们可能会在短时间内学会使用工具、制造简单的武器。而且，它们的体型可能比人类更庞大、更健壮，在近身搏斗中具有一定优势。但人类也不会坐以待毙。我们拥有更深厚的历史积累和更庞大的群体数量，在科技发展、战略规划等方面也有着丰富的经验。所以，灵长类动物虽然可能成为人类的一大威胁，但人类也有能力与之一较高下。

如果说一定要有一种生物可以威胁到人类，那非细菌莫属。细菌无处不在，它们甚至存在于我们的身体当中，我们无法根除它们，因为它们也是我们生存所必需的。细菌和其他微生物对环境的适应能力也非常强，所以它们会是人类一个非常强大的对手。

不过好在它们现在还没有进化出神经系统，所以它们想要成为智慧生物的道路还非常遥远，更别说与人类相提并论了！

如果其他生物变得和人一样聪明，地球将迎来一场前所未有的变革。各种生物会在新的规则下重新竞争、合作，生态系统和文明格局都将发生巨大的变化。无论如何，人类都将凭借自己的智慧和适应能力，在这场变革中努力寻找生存和发展的道路。

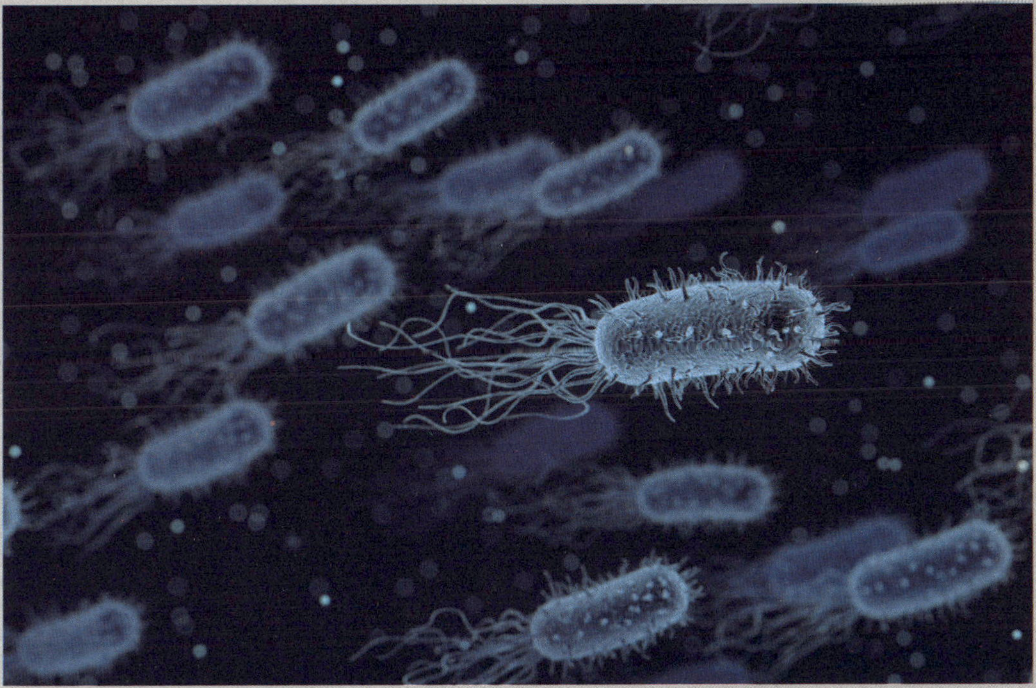

⊙ 如果微生物拥有人类的智力水平，那将是人类最大的威胁

如果昆虫从地球上消失了，会发生什么？

⊙ 不得不说，大多数昆虫并不像蝴蝶那样“惹人喜爱”

当你发现有一只虫子趴在你身上，你的第一反应是什么？大多数人的反应估计都是大惊失色，然后迅速将它弹走。很多人看到昆虫就感到厌烦，甚至会头皮发麻、惊声尖叫。估计很多人都在想，如果有一天，这些“讨厌”的昆虫都消失了，那生活该是多么美好啊！

可别高兴得太早，先来听听生物学家怎么说。美国著名生物学家爱德华·威尔逊曾经直言，如果人类消失了，地球将恢复到亿万年前物种丰富的平衡状态，但如果昆虫消失了，地球生态系统将陷入一片混乱。

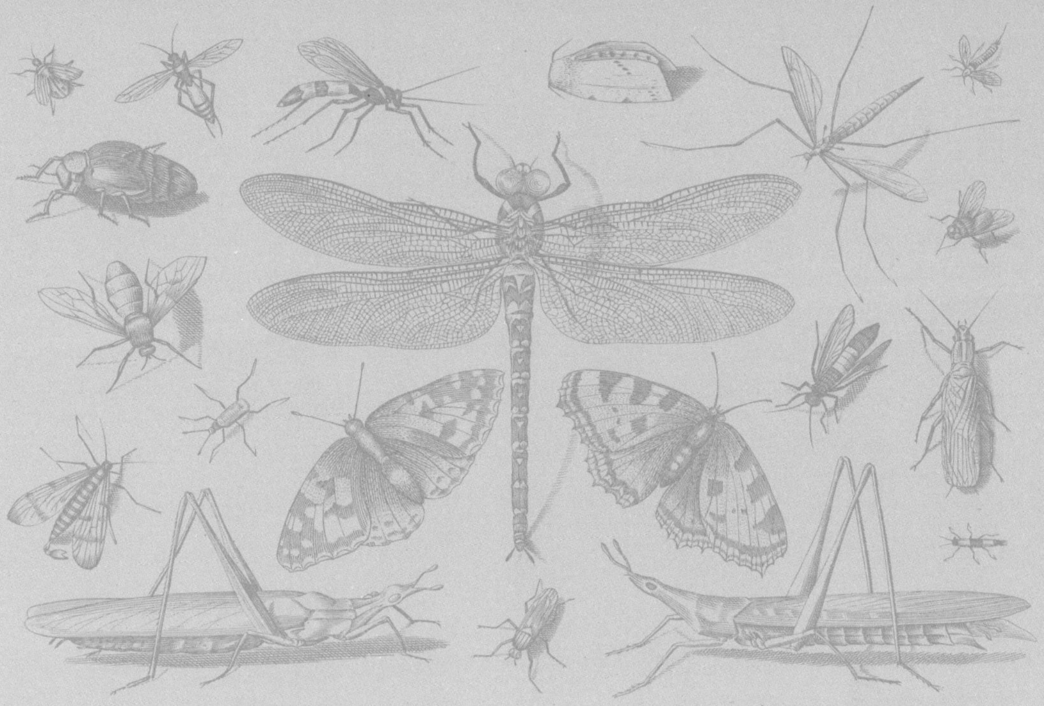

⊙ 在地球上，昆虫的种类和数量都非常庞大

庞大的昆虫家族

昆虫可以说是地球的“开荒者”，也是地球上种类最丰富的生物之一。早在 4 亿多年前，地球上就有了昆虫的影子，比第一批恐龙还要早约 1.7 亿年。它们生活在空中、陆地、海洋、淡水中，地球上几乎每个角落都有昆虫的身影。

不仅如此，昆虫的种类和数量也完全超乎我们的想象。目前地球上已定名的昆虫种类大约有 100 万 ~180 万种，数量更是庞大到无法计数。在热带地区，仅仅是蚂蚁的数量，就远超所有哺乳动物的总数。

有人说“地球是昆虫的星球”，这在某种程度上来说一点没错。昆虫虽然平时看起来可有可无，但一旦全部消失，给地球生态系统带来的毁灭性灾害，是其他任何一个物种都无法比拟的！

最先受到影响的就是植物。据不完全统计，地球上大约 70% 的开花植物都要依靠昆虫进行传粉，比如蜜蜂、蝴蝶、金龟子等。没有了昆虫帮助传粉，开花植物就无法繁殖结果。

接着我们要和绝大多数的水果，以及很多种类的蔬菜告别了，比如苹果、樱桃、猕猴桃、洋葱、芹菜、花椰菜、西蓝花等，还有用来制作食用油的葵花籽，用来制作糖的甜菜等。

当然，人类也不至于因此饿死，因为小麦、玉米等粮食作物主要是依靠风来传播花粉的，所以它们还可以继续存活，我们的主食还在，只是剩下比较单一的主食了。

这些植物还是家畜以及自然界中很多动物的食物，如果它们消失，食物链就会慢慢断裂。食物链的断裂还会让很多饥饿的动物冒险攻击人类。

除了传粉之外，昆虫还有一个重要的功能就是分解有机物。其中最大名鼎鼎的就是蜣螂（屎壳郎）和苍蝇。假如这两种昆虫从地球上消失，我们的地球可能会被动物粪便覆盖。

澳大利亚曾经深受其害。18 世纪 80 年代，英国人将牛引进澳大利亚，这些牛在澳大利亚大草原上留下了大量的粪便。而当地屎壳郎和苍蝇对这些牛粪明显不适应，它们更喜欢袋鼠、考拉等动物产生的干燥且富含纤维的粪便，它们的食谱里没有“牛粪”这一道菜。这就导致牛粪需要很长的分解时间，在澳大利亚大陆上越堆越多。我们知道，动物粪便是可以用来做肥料的，但是如此大量的粪便当地根本处理不了。无奈之下，澳大利亚只能从别国引进新的屎壳郎品种，才得以从牛粪危机中解脱出来。

⊙ 一只屎壳郎正在努力地“工作”

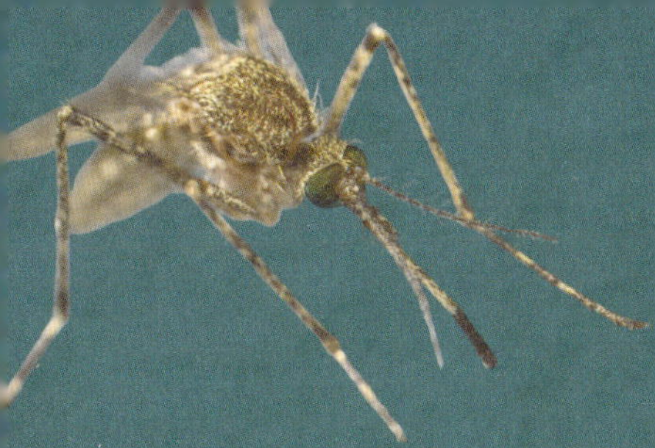

可以想象，一旦失去昆虫，我们的土地会变成什么样子。

这还没结束。如果昆虫全部消失，人类的衣物将会大幅减少。因为有些昆虫的分泌物是纺织工业的重要原料，比如桑蚕吐出的蚕丝可以用来制作丝绸等。此外，昆虫消失会影响到植物的繁殖，随之而来的是，棉花的产量大大降低，棉布产量受到影响，进而影响人们的穿着选择。

即便是一只小小的昆虫，也是生态环境的重要组成部分，是地球上不可或缺的一分子。但它们却因为人类文明的发展，面临着生存危机。

不知你是否注意过这样一个现象：几十年前，开车行驶在乡间路上，挡风玻璃上时不时就会有虫子撞上来。但是现在，这种现象已经很少出现了。昆虫过于渺小，以至于人类往往忽略了它们的存在。昆虫的生物多样性正在全球范围内受到威胁，这绝对不是危言耸听。

悉尼大学和昆士兰大学对来自欧洲和北美有关昆虫减少的研究数据进行了分析。结果发现，未来几十年里全球将有 40% 的昆虫物种灭绝。一些昆虫物种的灭绝速度惊人，甚至比哺乳动物、鸟类和爬行动物等脊椎动物快 8 倍。

无论我们是否喜欢昆虫，可以肯定的是，没有它们，我们将无法在地球上生存下去。

如果蜜蜂彻底灭绝，人类会发生什么？

“如果蜜蜂从地球上消失，人类只能活 4 年”，这句话常被冠以爱因斯坦之名，在网络和部分科普文章中广泛流传。事实上，爱因斯坦并没有说过这句话，而且也没有科学数据证明这句话的准确性。

但是，蜜蜂消失将会影响人类生存，这并非危言耸听。别小看一只不起眼的蜜蜂，它对人类的意义十分重大，甚至可以说人类一天都离不开蜜蜂！

蜜蜂是生态系统的关键物种。全球约 75% 的作物依赖蜜蜂传粉，支撑着人类约 1/4 的食物生产。一个健康蜂群的数万只工蜂每天能为数百万朵花授粉，维系着从果园到荒野的植物繁衍。此外，蜜蜂与其他传粉者共同保障了超过 70% 开花植物的繁殖，堪称生物多样性的沉默守护者。

⊙ 小小的蜜蜂，对我们的生活是否很重要呢？

蜂群中蜜蜂是如何分工和工作的？

蜜蜂是典型的群居动物，一个蜂群是由一只蜂王、少量的雄蜂和大量的工蜂组成的。蜂王在蜂群中肩负着繁衍后代的职责，专门负责产卵。“她”的体型一般比较大，约是工蜂的 2 倍。每到蜂王的产卵期，工蜂就会“献上”蜂王浆供其食用，以保持旺盛的产卵能力。蜂王一天可产上千个卵。

雄蜂是由未受精卵发育而来的蜜蜂，它们的唯一任务就是与蜂王交配。每到交配的季节，性成熟的雄蜂就会漫天飞舞，一旦发现蜂王的身影就会竞相追逐、争夺交配权，最终能够获得交配权的只有 1 只。谁的体格更健壮、个头更大，就能成为最终的获胜者。但是一旦完成交配，雄蜂就会因生殖器官脱落而付出生命。

工蜂是蜂群里的劳模，它们是蜂群里雌性生殖器官发育不全的蜜蜂。除了交配任务外，工蜂负责了蜂群里全部的工作。它们不仅要在巢内照顾蜂王和幼蜂，还要到外面去采集花粉，然后把采回来的花蜜和花粉收集起来，妥善贮存，以备冬季食用。因此，蜂巢一旦失去工蜂，整个蜂群很快就会被“团灭”。近年来，全球多地相继出现蜜蜂消失的现象，一些地区甚至已经看不到蜜蜂的踪影。

统计显示，2007 年—2016 年，全球蜜蜂数量下降了 10%~20%。而且，在 2016 年世界自然保护联盟（IUCN）发布的濒危物种红色名录里，竟然包含了 31 种蜜蜂。

⊙ 一只生命即将结束的蜜蜂

蜜蜂一旦从地球上消失，人类会发生什么呢？

全球农作物中约 75% 都是依靠虫媒传粉，而蜜蜂是主要的传粉者。坚果类作物及蓝莓、樱桃、苹果、黄瓜、西蓝花等作物高度依赖蜜蜂传粉。蜜蜂一旦消失，粮食、棉、油、蔬果等作物将无法结出果实、种子，无法繁衍下一代，这会导致这些作物的产量和品质大幅下降。

蜜蜂的消失还会对畜牧业产生连锁反应。许多畜牧业依赖的饲料作物（如苜蓿、三叶草等）是异花授粉植物，需要蜜蜂进行传粉。如果蜜蜂消失，这些饲料作物的产量将大幅下降，导致奶牛、肉牛等牲畜的饲料供应减少，进而影响牛奶、牛肉等产品的生产。其次，蜜蜂还创造了众多自身产品的经济价值，不仅是蜂蜜，还有蜂胶、蜂蜡等珍贵的副产品。除此之外，蜜蜂传粉还可以给作物带来产量和质量上的经济增加值。实践证明，利用蜜蜂授粉，可使作物普遍增产 10% 以上，其中，油菜增产 15%~20%，果树增产 20%~30%。

再者，生态系统是环环相扣的，牵一发而动全身，蜜蜂作为其中极为关键的一环，与植物形成了紧密的协同进化关系，这种关系不仅维持了生态系统的平衡，还极大地丰富了地球生物的多样性。一旦蜜蜂消失，将会引发一系列连锁反应：生物多样性被破坏，导致众多物种的灭绝；大量植物无法生长和繁殖，加剧地球荒漠化；植物在淡水循环中扮演着重要角色，一旦植物无法繁殖，淡水资源可能逐渐枯竭……

环境气候的变化、人类耕作方式的改变，以及大量杀虫剂等农药的使用都可能导致蜜蜂的消失。蜜蜂一旦灭绝，倒不至于造成人类的灭绝，但是给人类带来的困境着实不少。

⊙ 蜜蜂一旦灭绝，还可能会导致更严重的生态问题

如果很多动物灭绝了，还能让它们复活吗？

1627 年波兰原牛灭绝，1876 年福岛胡狼灭绝，1883 年南非斑驴灭绝，1914 年北美旅鸽灭绝，1936 年澳洲袋狼灭绝，1952 年加勒比僧海豹灭绝，1964 年亚洲冠麻鸭灭绝……自 1600 年以来，全球超过 700 种动物灭绝。这还不包括那些未被记录的灭绝物种，特别是无脊椎动物。

自工业革命以来，为了获取更多的资源，人类肆意地砍伐森林、开发矿产、盲目引种、污染环境。人类活动的扩大，让许多动物失去了栖息地，成为生物灭绝的主要原因。

生物灭绝，是我们最不想看到的新闻之一。每当有一种生物灭绝，就好像在告诉我们，地球正在老去，大自然已经走上了一条不归路。于是，科学家们希望启动“撤销键”（研究如何复活这些灭绝的生物）。比如美国哈佛大学遗传学家乔治 · 丘奇带领团队正在进行一个“复活猛犸象”项目，该项目研究人员表示，两年内可以让猛犸象“复活”。

⊙ 通过 DNA 技术，我们或许可以克隆出已经灭绝的物种

什么是灭绝物种复活？

世界自然保护联盟（IUCN）——世界上规模最大、历史最悠久的全球性非营利环保机构将其定义为：通过生物技术培育在生态功能上与灭绝物种等同的替代生物，但这些生物不是“完全相同的基因复制品”，而是具有相似特征的“功能替代者”。

目前复活灭绝动物主要通过三种手段：一是逆向繁殖。在现有物种中，挑选出与灭绝物种具有相似特征的物种进行繁殖，再从它们的后代中筛选出特征更为明显的个体，继续进行繁殖，直到得到一个和灭绝物种“长相”相似，但基因方面不相同的种群。二是克隆。从灭绝动物的遗骸中提取出 DNA（DNA 不完整需填补缺失部分），植入剔除了 DNA 的卵细胞中，然后将胚胎放入与灭绝动物存在演化亲缘关系的代孕雌性动物子宫中完成发育过程，培育出“克隆体”。三是基因工程。通过基因编辑工具，对现存近亲物种进行基因改造，将合成后的杂交基因组再植入代孕体完成发育过程。

目前全球有多个灭绝物种复活项目，包括复活原牛、南非斑驴、费洛雷纳岛象龟、旅鸽、猛犸象等。如果顺利，我们可能会在未来看到这些动物重返地球，它们的出现只是时间问题。

为什么要进行“灭绝物种复活”呢？是为了建立《侏罗纪公园》那样的灭绝动物公园，赚眼球吗？

当然不是。如果一种复活的灭绝动物永远是动物园里的动物，那么它就不应该被复活。很多人认为“灭绝物种复活”是为了减少人们的罪恶感，是人类对过去的错误行为的一种纠正，因为很多动物的灭绝都是由于人类活动造成的。而且这些动物在生态系统中都曾经扮演着重要的角色，它们的灭绝曾经带来生态系统的极大变化，比如，由于猛犸象这一“园丁”的灭绝，北极地区的草原变成了苔原。如果让这些生物回归大自然，或许可以给生态系统修复带来裨益。

再者，一旦灭绝物种复活技术成熟，将这些技术应用在灭绝不久或者是濒临灭绝的动物身上，可以保护它们免受“灭顶之灾”，从而保护生物的多样性。

对于已经灭绝的野生动物的复活，在科学界一直存在争议。首先，它们被复活后能否适应如今的环境难以确定。一种动物之所以会灭绝，很大一部分原因是它们无法适应当时的环境，如果它们现在被复活并被放生，很难保证它们能够适应现如今的地球环境，可能适宜它们生长的栖息地早已经消失。

其次，它们复活后是否会给生态系统带来破坏也难以确定。这些动物复活后重新进入食物链中，可能给稳定的生态系统带来破坏，导致其他动物的灭绝。

最后，复活灭绝动物需要算一笔经济账。复活一种已经灭绝的动物的成本，可能相当于挽救 8 种濒危生物的成本。与其去复活一种灭绝的动物，不如尽人类所能去挽救濒危动物。

复活已经灭绝的动物潜藏着巨大的未知性和不可预测性。此时，我们应该做的就是保护好那些濒危动物。永远要记住一点，想要动物不灭绝，绝不只是将“死的”带回来，而是让“活的”更好地活下去。防患于未然，不要等到“错过”才追悔莫及！

⊙ 不要真等到现在活着的动物灭绝了，再去想办法复活它们